VIVA A PRODUÇÃO PRAZEROSA

DADOS INTERNACIONAIS DE CATALOGAÇÃO NA PUBLICAÇÃO (CIP)

A162v Abreu, Alvaro

Viva a produção prazerosa : histórias das colheres de bambu / Alvaro Abreu.
- São Paulo, SP: Mandacaru, 2022.

264 p. : il. color. ; 17 x 24,3 cm.

ISBN 978-65-00-52323-2

1. Colher – métodos de produção. 2. Artefatos de bambu. 3. Trabalho – procedimentos. 4. Acabamento. 5. Design. 6. Design de produto. 7. Design funcional. 8. Forma e função. 9. Ferramentas de artesãos. 10. Criatividade. 11. Satisfação no trabalho. 12. Competência e desempenho. I. Título.

CDU 159.947.24

Bibliotecária responsável: Bruna Heller – CRB 10/2348

Índice para catálogo sistemático:
1. Psicologia da determinação / Autorrealização 159.947.24

VIVA A PRODUÇÃO PRAZEROSA

ALVARO ABREU

Beleza &
Paciência
desde 1972

Dedico este livro à minha querida e adorada Carol.
Com a vida fui aprendendo que amor constrói,
faz bem pra saúde, produz felicidades em escala, reforça
a disposição de fazer e proporciona prazeres variados.
É muito bom tê-la ao meu lado o tempo inteiro.

Viva a produção prazerosa – histórias das colheres de bambu foi escrito durante o isolamento, no longo intervalo imposto pela atual pandemia à rotina de cada um. Seu autor é um fazedor que acredita na maravilhosa capacidade humana de autorrealização a partir de uma produção baseada no compromisso de fazer bem feito: como profissional ou só por gosto, com ou sem remuneração.

O título do livro saúda essa sua crença, para logo anunciar os diferentes prazeres vividos em torno do objeto mais constante de sua diversificada produção. Suas colheres de bambu, motivo das histórias contadas com leveza e afeto, nos levaram longe e trouxeram para perto velhos e novos amigos, reunindo com frequência nossa numerosa e animada família.

Como muitas pessoas de sua geração, o autor teve uma infância e adolescência em que a criação de seus próprios brinquedos e objetos de entretenimento foi muito estimulada. As opções de consumo eram poucas e as brincadeiras exigiam criatividade. Aprendia-se fazendo: observando e copiando, criando e testando, corrigindo e usando. As disputas com os amigos provocavam a busca de soluções e sugeriam novos projetos. O sucesso de cada tentativa era garantia de satisfação e aumento da autoconfiança dos garotos.

O menino cresceu, virou nadador, fumou, virou fotógrafo, engenheiro e professor, casou-se comigo, virou pai, gestor público, infartou, virou empresário, colhereiro e escritor. Sempre escreveu, registrando reflexões e sentimentos. Mais adiante, virou avô e cronista.

Alvaro compreende o fazer criativo como uma viagem movida por pequenas e grandes emoções, num processo que se inicia com a vontade assumida de produzir algo e a necessária preparação de materiais e instrumentos. Vai das escolhas e resultados dos primeiros movimentos ao mais esmerado acabamento do que se pretendeu produzir, podendo continuar em direção aos mais inesperados destinos.

Neste livro, ele compartilha suas ideias e vivências, seus métodos de trabalho, sua paixão pelas ferramentas e pelo bambu, que redescobriu num período de ócio forçado, quase três décadas atrás. Do bambu vieram as colheres; delas, os contatos com amigos e interessados; desses contatos vieram os convites para mostras e oficinas, além de entrevistas, reportagens e ótimas histórias.

Nos inúmeros enredos, muitos dos personagens eram desconhecidos. De encontros imprevisíveis resultaram trocas, sempre carregadas de boas emoções, que se traduziram em valiosos aprendizados, fraternas amizades e em desdobramentos inimagináveis. O maior exemplo deles é o livro de fotografias das colheres produzido por um reconhecido fotógrafo alemão, em comemoração aos seus cinquenta anos de carreira.

Sabe-se que toda produção, seja para o uso prático, para o aguçamento da inteligência ou para o encantamento dos sentidos, precisa ser oferecida ao público. Pois são as reações desse público que provocam as alegrias e as reflexões que alimentam a alma e o pensamento do fazedor.

Aqui, a escrita franca do observador focado e sensível oferece ao leitor uma aproximação deliciosa das pessoas e objetos que protagonizaram suas histórias e dos lugares onde elas se passaram. E traz a esperança implícita de contribuir para que cada um, que ainda não encontrou, venha a descobrir sua própria "colher".

Carol Abreu

CAPÍTULO 1

ERA UMA VEZ

Não sei exatamente o que me levou a fazer colheres, mas tenho na lembrança um acontecimento que pode ajudar a explicar uma boa parte do movimento. Nada muito especial ou expressivo, pelo contrário.

Aconteceu na cozinha do apartamento de amigos queridos, em Vitória, na primeira vez em que me aventurei a sair de casa depois de um infarto aos 46 anos. Fui movido por uma espécie de desafio feito pela anfitriã: subir dois lances de escada para comer um peixe assado, totalmente livre de gorduras, próprio aos corações recém-infartados.

Ao abrir uma gaveta em busca de talheres para arrumar a mesa, me deparei com uma pequena colher de bambu, quase sem uso, de cabo curto e concha meio achatada. Era uma espécie de espátula bem anatômica, totalmente fora do usual, que tinha sido comprada na Praça da Liberdade, em São Paulo.

Ao pegá-la nas mãos tive a impressão de que conseguiria fazer algo parecido. Bastava encontrar um bambu de diâmetro grande, que possibilitasse obter uma concha tão larga quanto aquela. É provável que tenha vindo junto com a colher alguma lembrança dos tempos de menino, ao preparar as varas de pescar e fazer botão de coco pra futebol de mesa.

Freio de arrumação

No final de 1994, entre o Natal e o Réveillon, sofri um infarto, depois de receber sinais de que alguma coisa não ia muito bem aqui por dentro. O mais claro deles aconteceu durante uma viagem a Cachoeiro, quando não consegui dar a terceira tragada no cigarro que tinha acabado de acender. Uma ardência me fez pensar que era um sinal claro de saturação dos pulmões. Nos dias seguintes, andei de um lado pra outro com um maço de cigarros intacto, no bolso da camisa.

Disfarcei o quanto pude os incômodos que comecei a sentir na altura do peito, mas observei que alguns notaram, durante a festa de Natal em família, pois eu estava sem assunto, fora do meu normal. Fui dormir preocupado e acordei com o sol nascendo e uma dor forte, como se um trator estivesse passando sobre mim. A dificuldade de respirar era tanta que saí de casa e fui para o meio da rua, completamente espantado.

Eu sabia que nessa situação era indispensável respirar fundo pra recuperar a calma e diminuir o medo. Quem passasse por aquela rua deserta ou chegasse à janela pensaria que eu estava fazendo um exercício de respiração forçada, em preparação pra começar a correr.

Lembro que a dor foi diminuindo até parar totalmente. A preocupação continuou presente durante o dia inteiro. Nada falei pra Carol, minha companheira e mãe dos nossos cinco filhos.

A coisa se repetiu no comecinho da manhã seguinte, com as mesmas movimentações, providências e disfarces. Com um agravante: eu tinha que dar aula na universidade às 7 horas. No caminho, pela primeira vez na vida, fui torcendo para que não aparecesse um aluno sequer naquela segunda-feira, 27 de dezembro de 1994. Uma greve dos funcionários havia empurrado o fim do semestre para fevereiro.

A colher que me instigou.

Esperei por uns 20 minutos e, felizmente, não apareceu ninguém. Voltei pra casa decidido a procurar um médico de confiança. A consulta foi rápida. O quadro era preocupante e demandava exames para conferir as condições cardiovasculares. Em poucas horas, lá estava eu vestindo aquela roupa ingrata de paciente, à espera da vez para fazer um cateterismo exploratório.

Dormi no hospital e, no comecinho da manhã, fiz uma angioplastia. A equipe era formada por médicos conhecidos, as enfermeiras eram atenciosas e em poucos minutos pude acompanhar o procedimento em dois monitores colocados no alto, à minha frente.

Houve uma comemoração quando o sangue voltou a fluir no coração inteiro, depois que um balãozinho na ponta do cateter foi inflado e comprimiu as placas de gordura que estavam dificultando sua circulação em uma das artérias coronarianas.

O resto do dia foi só de alegrias. Minhas e dos que estavam do outro lado da porta da UTI. Durante a noite, mais uma vez a tal dor no peito se instalou, anunciando que a artéria havia entupido outra vez, para a minha tristeza e preocupação de muitos, inclusive dos médicos. No começo da manhã seguinte, fui de maca para a sala de cirurgia, onde estava uma equipe médica reforçada, mas sem os sorrisos da véspera, indispensáveis à confiança e tranquilidade de qualquer paciente.

Os procedimentos iniciais foram os mesmos do dia anterior, mas a tensão aumentou quando um coágulo se desprendeu e ficou navegando na artéria. Após uma rápida reunião, os médicos resolveram ancorar aquela placa de gordura na parte inferior do coração, para que não causasse estragos maiores.

Os *stents*, aquelas molinhas colocadas nas artérias para liberar a passagem do sangue e que por lá ficam, anos a fio, sem muita restrição, ainda eram um recurso pouco utilizado no Espírito Santo. Não conheço as estatísticas, mas imagino que o meu caso tenha sido apenas mais um de muitos. Saí do hospital no dia 31 de dezembro, voando baixo, fraco das pernas, sem a menor ideia do que tinha pela frente.

A chegada a minha casa foi uma cena inesquecível. Mesmo apoiado pelos filhos mais taludos, caminhar até o quarto foi uma tarefa penosa, que cumpri andando muito devagar, praticamente arrastando os pés. Isso depois de um baita esforço para enfrentar os poucos centímetros de desnível entre a calçada e o piso da varanda. Tive a nítida impressão de que saí do hospital bem pior do que entrei.

No dia seguinte, depois do primeiro almoço de 1995, voltei a sentir uma forte pressão no peito. Como a dor tinha sido muito parecida com as anteriores, supus que uma nova obstrução teria acontecido e tomei um comprimido de Isordil sublingual, seguindo instruções do médico. Foi o único que tomei na vida, embora sempre carregue uma cartela deles na minha bolsa, desde então.

Dois meses depois, levei um baita susto quando soube que ficaria em licença médica, sob acompanhamento, por até dois anos. E mais: que, ao se confirmar que os danos no coração eram irreversíveis, iriam me aposentar compulsoriamente por invalidez. Entendi, nas entrelinhas, que deveria me preparar para o que desse e viesse, sem reclamações.

Em frente, com cuidado

Diferentemente do que acontece com quem coloca stents ou implanta pontes de diversos tipos para manter as artérias desobstruídas, a minha recuperação foi muito lenta e exigiu dedicação intensa. Minha e, também, de Carol.

Por sorte, recebi de presente do endocrinologista Laerte Damasceno, vizinho nosso de rua muito querido, um exemplar do livro *Salvando seu coração*, escrito pelo cardiologista americano Dean Ornish. Ele trazia orientações sobre como cuidar da alimentação, encontrar paz de espírito e fazer exercícios sem correr riscos.

Aprendi com ele que a dor no peito é uma mera indicação de que o esforço que está sendo realizado naquele momento está acima do nível aceitável. Assim, sempre que começasse a doer, eu deveria diminuir o ritmo dos passos até que a respiração voltasse ao normal e a dor desaparecesse por completo. Livre do incômodo, era hora de acelerar os passos até que ela resolvesse a aparecer, completando um ciclo e iniciando um outro.

A rua da nossa casa, que transformei em pistas de treinamento e recuperação das forças.

A estratégia era conseguir empurrar o limite do esforço possível para cima, sempre considerando os conceitos sobre biorritmo. Os desempenhos de cada pessoa podem variar de dia pra dia, de horário pra horário. O que vale pela manhã não necessariamente se confirma no começo da noite.

Encontrei coragem e comecei a fazer caminhadas bem lentas na nossa rua, de um único quarteirão. Com muito esforço e cuidado, conseguia chegar ao muro de arrimo, para ficar vendo o mar, inclusive o remanso entre ilhas, onde mergulhei muitas vezes para pegar lagostas. Atento ao que se passava no peito, fui aumentando o ritmo das passadas progressivamente.

Eu me via desafiado e impelido a ganhar de mim mesmo, a cada dia, como fazia quando treinava para conseguir melhores tempos para os 100 metros de nado livre, minha especialidade. Fiz parte da primeira turma de nadadores de piscina em Vitória. Nadei dos 14 aos 23 anos, sempre contra o cronômetro e os competidores. Nunca perdi uma prova em piscinas capixabas.

Nas primeiras tentativas, andando muito lentamente, eu precisava de seis minutos para percorrer os 200 metros de asfalto da nossa rua. Para minha satisfação, em menos de um mês, consegui diminuir esse tempo pela metade.

Depois, já mais fortinho e com alguma coragem, passei a andar diariamente na Praia da Esquerda, na Ilha do Boi, pertinho de casa. Ela é voltada para o norte e tem uns 250 metros de extensão. Nos horários de maré baixa, a faixa de areia aumenta e ganha um pedaço firme, muito bom pra andar. No caminho, uma ladeira íngreme, fácil de descer, mas um verdadeiro desafio na volta, principalmente para quem se recupera de um infarto.

Com as dores sob controle, administradas com a adequação da velocidade dos passos, começou uma nova etapa do processo de minha recuperação. Andando devagar na areia, controlando a respiração e de mão dada com Carol, fui tentando entender o que havia se passado comigo antes, durante e, sobretudo, depois do tal evento coronariano. Era fundamental adiquirir novamente a confiança em mim mesmo, para seguir em frente com alguma convicção.

Constatei na prática que a cabeça de um recém-infartado não para e, pior, que a insegurança, a tristeza e a sensação de fracasso podem tomar conta dela. Em compensação, pude confirmar que conversar com pessoas queridas faz bem pra saúde.

Pare, pense e decida

Passados uns dois meses, já mais seguro de que continuaria vivo caso tomasse os devidos cuidados, recebi de meu cardiologista oficial, lá em São Paulo, uma sábia orientação terapêutica. Convicto, ele disse que era chegada a hora de tentar reduzir as atenções sobre o que acontecia com meu coração e começar a cuidar das minhas emoções. Em complemento a uma comida saudável, aos exercícios controlados e aos remédios, eu deveria fazer alguma coisa que me proporcionasse satisfação e alegria de viver. Ele nem precisou insistir ou argumentar.

Deprimido e debilitado, eu precisava, e com urgência, inventar assuntos para substituir as conversas chatíssimas e insistentes sobre doenças, remédios e controle de colesterol.

Era de todo recomendável encontrar uma atividade prazerosa para substituir o ócio forçado e improdutivo. Era necessário e urgente ocupar as mãos que, durante os últimos 25 anos, estavam às voltas com os 60 cigarros Hollywood que eu fumava por dia. O primeiro ainda na cama, antes de me levantar, e o último, antes de pegar no sono.

Na falta do que fazer, passava manhãs inteiras na cadeira de balanço, tardes deitado na rede, aproveitando a fresca da varanda, horas a fio assistindo à TV. Na cama, antes de dormir, passava em revista os acontecimentos do dia. Foi ficando patente a necessidade de superar minhas dificuldades de conviver com uma ociosidade improdutiva.

Com certeza, eu estava precisando me sentir saudável, capaz, produtivo e merecedor de reconhecimentos como sempre tinha sido. Estar livre da obrigação de ir trabalhar e da pressão de saber que teria gente e providências me esperando era uma situação inimaginável. Ficar em casa a semana inteira era algo completamente fora da minha rotina.

Tempo meu

Tempo sobrando, algo que tanto me faltava e me fazia tenso e aflito, agora era tudo que eu tinha na vida. Naquele momento, eu não mais precisava fazer as coisas com pressa e sem poder aprimorá-las. Sempre estive às voltas com atividades realizadas com base em conhecimentos, avaliações, raciocínios, conceitos, ideias, tudo feito com a cabeça. Com as mãos, só mesmo escrever com caneta e datilografar nas máquinas de escrever. Longe dos gabinetes e repartições, era uma boa ocasião para usar as minhas conhecidas habilidades manuais para fazer coisas visíveis, palpáveis e, de preferência, que pudessem ser usadas.

A Praia da Esquerda, lugar muito mais agradável para caminhar em busca de saúde.

Aos poucos, fui amadurecendo a ideia de que era indispensável rever as condições de uso do tempo, entendido como um bem finito e precioso. Dono do meu tempo, eu deveria exercer o direito de aproveitá-lo da maneira que fosse mais proveitosa para mim e para quantos estivessem por perto. Nem que fosse por um período limitado.

Com certeza, eu precisava de uma boa dose de egoísmo, daqueles bem fundamentados e plenamente aceitáveis para me sentir novamente capaz e feliz.

Era chegada a hora de ajustar rumos, reduzir velocidades, olhar para os lados, valorizar as relações pessoais, criar referências sobre o que seria melhor para o marido, o pai de cinco, o amigo de muitos, o agora chefe de ninguém. Com plenos direitos a dizer não para o que considerasse sem propósito e prejudicial.

Para ajudar a colocar as lembranças e os pensamentos em ordem, comecei a registrar o que ia acontecendo a cada dia de retomada dos sorrisos. Assim é que, depois de uma caminhada na praia, de um bom banho de chuveiro e de comer alguma coisa, eu me sentava para digitar com dois dedos, no computador novinho, um possante 286. Sem pressa, fui narrando as passagens e as reflexões mais relevantes que me vinham à cabeça nos começos de manhã.

Eu tinha feito muitas vezes algo parecido numa Olivetti Lettera 22, lá na juventude, e me lembrei que sempre levantava dali com a alma mais leve. Exatamente o que estava precisando sentir naqueles dias.

Brincadeira com fios coloridos.

É que, além dos sustos e dores, o infarto tinha produzido em mim emoções desagradáveis, a começar pelo sentimento de culpa por ter contribuído, decisivamente, para sua ocorrência e, como não poderia deixar de ser, por trazer preocupações para meus parentes e amigos. Além disso, ele produziu quebras nas expectativas de trabalho, anulou perspectivas de vida e abalou a minha conhecida autoconfiança.

Tem quem diga que depois do infarto eu virei um pai mais presente. Isso porque, até então, trabalhava o dia inteiro, todos os dias úteis da semana. É verdade que sempre vinha almoçar em casa, mas muitas vezes trazia alguém comigo, sem avisar. Perdi muitas oportunidades de estar à mesa, no começo da noite, com todos contando as novidades da escola ou das brincadeiras na rua. Nunca trouxe serviço pra casa, mas muitas vezes chegava tarde e cansado.

Durante vinte e poucos anos, as minhas atividades profissionais foram realizadas no âmbito do setor público, em funções e cargos de direção. Quase sempre trabalhei entusiasmado e acreditando no que fazia e ajudava a realizar. Dei sorte de sempre atuar ao lado de pessoas empenhadas em melhorar o mundo e em fazer o bem comum. Gosto de pensar que tive a oportunidade de contribuir para a realização de iniciativas muito relevantes.

Caçando o que fazer

Numa manhã ensolarada, ao voltar de uma caminhada, encontrei pedaços de fios de telefone, daqueles fininhos e coloridos, que algum técnico deixou pra trás. Foi com eles que, sentado na varanda, me diverti tentando fazer tranças coloridas, malhas e uma espécie de cesta tortinha. É provável que essa brincadeira tenha durado umas duas semanas, na condição de verdadeiro passatempo.

Nos primeiros dias, as pontas dos dedos ficaram doloridas de tanto segurar e puxar aqueles fios de telefone, mas depois deixaram de incomodar. Feitas inúmeras tentativas, consegui confeccionar uma bolinha de uns 12 cm de diâmetro, após bater cabeça por três dias, na busca por um padrão construtivo que imaginava existir.

Por sorte, alguém deixou uma bola de couro em cima da mesa. Ali estava, diante de meus olhos, a estrutura que tanto procurava: gomos compostos por hexágonos e pentágonos de lados iguais. Era algo lógico e simples: bastaria criar retas de um mesmo tamanho, cada qual para servir como aresta comum às figuras de cinco e de seis lados, na malha que compunha a esfera.

Um instigante desafio que a observação, a experimentação e a paciência se mostraram fundamentais para enfrentar. Posso garantir que foi bom ter resolvido aquela espécie de quebra-cabeça.

Diana, nossa caçula, na época com 11 anos, pediu e ganhou de presente um objeto feito por seu pai, com as próprias mãos. Vê-la brincando com aquela bola de fios de telefone me fez perceber que acabara de dar um passo fundamental para a recuperação da minha autoestima.

Descoberta determinante

O reencontro definitivo com o bambu aconteceu na primeira vez em que, depois do infarto, me aventurei a dirigir na estrada para passar um final de semana em Batatal, região de Marechal Floriano. Imagino que o interesse num pedaço de um mais grosso me fez criar coragem para aceitar o convite de Carlinhos e Flavinha Larica, amigos de infância e adolescência, respectivamente. O sítio deles é um lugar muito bucólico. Além de uma casinha antiga, dos tempos da colonização italiana, das plantações de banana e café e do moinho de pedra, eu sabia que lá encontraria várias touceiras.

Como não me senti seguro o suficiente para acompanhar o pessoal na caminhada pelo terreno acidentado até a piscina de águas geladas, me instalei na varandinha da casa. Munido de meu canivete suíço e de meia dúzia de laranjas recém-tiradas do pé, descasquei-as com cuidado pra não ferir os gomos, como sempre gosto de fazer.

Casinha de imigrantes italianos no interior do Espírito Santo, onde descobri as fibras do bambu.

Terminado esse servicinho, pra me distrair, comecei a tirar lascas de um pequeno pedaço de bambu que achei no chão. Sem ao menos saber a razão, ao me deparar com as suas fibras a cada corte, fui sentindo uma alegria sutil se instalando.

Mesmo tendo cortado e usado bambu a vida inteira, sabendo e me aproveitando das potencialidades de suas fibras, aquela era a primeira vez que eu as observava com atenção. A depender do tipo de corte que eu fazia com a lâmina afiada, elas surgiam como linhas, pontinhos e elipses.

Na ausência de preocupações, passei um tempo em silêncio, tirando lascas cada vez menores, reveladoras dos segredos daquele pedacinho de madeira, que guardo como uma espécie de amuleto. Ele não tem nada de especial nem de beleza, mas tem o poder de me fazer voltar no tempo todas as vezes em que o seguro na mão e passo a ponta dos dedos nas retas e curvas imperfeitas de suas superfícies.

Sem planejamento estratégico

De volta pra casa, fui dormir pensando nos pedaços de bambu amarelos com listras verdes que Carlinhos me havia dado. No dia seguinte, acordei com o sol, ansioso para começar a cortar aqueles gomos de casca dura e miolo claro. Sentado na minha cadeira de balanço, com um deles nas mãos, vi que cortar sua parede grossa exigiria ferramenta própria ao serviço pesado.

Lembrei-me da foicinha paraibana, feita de aço de mola de caminhão, que carrego comigo há mais de 40 anos. Com cabo anatômico e perfeitamente balanceada, ela é própria para golpes cortantes e certeiros como os aplicados pelos vendedores de coco verde.

Após amolar cuidadosamente a lâmina, comecei a trabalhar sem pressa. Carol ficou satisfeita ao ver que eu estava com cara de quem está se divertindo. Comecei cortando por cortar, pelo simples prazer de ver o aço entrando na madeira, tirando lascas. Não demorou muito e eu já tentava calibrar os golpes para ganhar maior precisão e conseguir acertar sempre no mesmo lugar e, assim, aumentar a profundidade do corte. Algumas das centenas de tentativas deram certo.

O braço direito dolorido pelo esforço repetitivo e a fraqueza geral do corpo começaram a dificultar o controle dos movimentos, mas não parei. Deixei a foicinha de lado e passei a tirar pedaços menores com a maior faca da cozinha, que também tive que amolar. Com golpes curtos, fui conseguindo resultados animadores.

Depois, usei o canivete para tentar aprimorar as formas grosseiras para conseguir retas razoavelmente certas e curvas mais simpáticas. Eu me dei conta de que era ótimo ficar ali cortando bambu, por horas seguidas. Acabei por descobrir desafios e compensações naquela diversão. Conseguir fazer uma quina certinha era motivo suficiente pra sorrir sozinho.

Os dias começaram a passar mais rápido e a pontaria dos golpes foi melhorando gradativamente. As primeiras peças que fiz eram grandes e toscas. Algumas delas se pareciam com aquelas conchas que eram usadas para apanhar grãos e farinhas das caixas e colocar em saquinhos de papel, como acontecia no armazém de Seu Marchon, em Cachoeiro. Era lá que mamãe pedia pra gente ir comprar alguma coisa que estivesse faltando, dizendo para anotar na caderneta.

Meu amuleto de bambu.

As peças seguintes já se pareciam mais com colheres, daquelas que são usadas para mexer doce em tachos de cobre. Todas elas tinham cabo comprido e concha rasa. Não dá pra dizer que eram exatamente bonitas e bem-acabadas; quando muito, tinham um desenho mais conhecido. Guardo os primeiros elogios que recebi de Flavinha, com quem dancei a valsa no seu aniversário de 15 anos, quando veio me visitar dias depois e conferir o que eu estava fazendo com os bambus.

Faz bem pra saúde

Passar dias inteiros às voltas com foice, canivete, lixa e caco de vidro se mostrou uma opção mais do que suficiente para me distrair. Um pouco depois, passou a ser uma maneira de testar minha capacidade de fazer uma colher bem feita e, na sequência, de desafiar se eu seria capaz de obter uma peça de qualquer tira de bambu que pegasse para cortar.

Ao mostrar as colheres pra quem viesse me visitar, percebi algo muito relevante e definitivo: para merecer elogios sinceros, toda colher tem que ser, no mínimo, muito bem feita e sempre diferente das anteriores.

Estava criada uma boa alternativa para receber elogios de quem gostasse do que eu tinha feito. Quaisquer que fossem as palavras e as expressões faciais, elas sempre provocavam em mim um impacto muito positivo.

Curioso foi ver pessoas se emocionando com uma determinada colher que encontrassem em meio a tantas outras. Por alguma razão, o seu desenho as tocava de uma maneira especial, talvez por trazer alguma lembrança boa.

Homem prático e carente, passei a respeitar as exigências dos visitantes e fui tratando de criar novos formatos. Não era nada complicado ou difícil: bastava alterar o tamanho, a largura, o jeito da concha e tudo mais que admitisse variações. Com o tempo, passei a gostar de inventar curvas, de experimentar tipos diversos de conexão entre partes, de realçar e tirar proveito de detalhes do bambu. Fazer diferente é mais divertido e prazeroso do que ficar repetindo a mesma coisa, sempre.

Está mais do que provado que elogio é remédio poderoso para melhorar a autoestima e abastecer o ego. Em doses diárias, pode produzir sorrisos e criar disposição, gerando efeitos positivos sobre a saúde do corpo e da alma.

Em meados de março de 1995, eu descobri, durante as caminhadas diárias para melhorar a saúde, como era bom andar na areia da praia deserta cortando madeira com uma faquinha amolada. Por vezes, acontecia a sincronização do ritmo dos cortes com a cadência dos passos. Parece que aquilo também ajudava a organizar os pensamentos. Nessas horas, sozinho, as atenções se concentravam nos temas da vida e nas pessoas de que gosto. Tudo isso, sem deixar de lado o acompanhamento das dores no peito, o que faço até hoje.

As primeiras colheres eram grandes e tinham formatos de pá dos antigos armazéns.

Livro da aventura

Pouco depois de voltar de uma viagem, sob os cuidados de meu irmão Afonso, para acampar na Coroa Vermelha, uma pequena ilha redonda, distante umas 15 milhas náuticas de Nova Viçosa, no sul da Bahia, me livrei das dúvidas e incertezas sobre o que havia se passado comigo e decidi transformar em livro o diário que estava escrevendo.

A primeira versão do texto do *Crônica do meu primeiro infarto* ficou pronta seis meses depois de sair do hospital. O livro foi publicado em meados de 1996 e, nele, relato acontecimentos e emoções vividas durante os três meses depois de eu ter jogado, pela janela do carro, o último cigarro que acendi na vida.

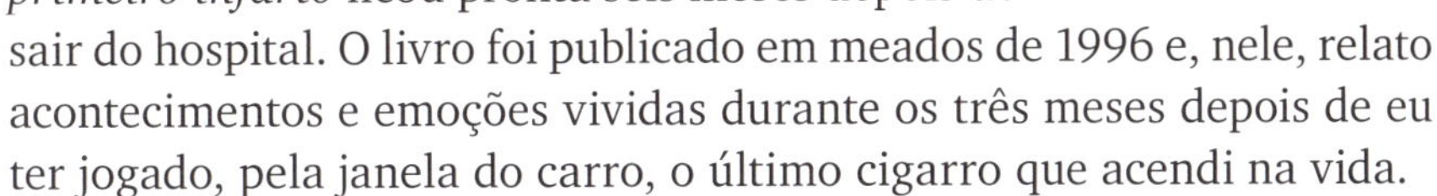

A passagem por hospitais serviu como uma espécie de ponto de inflexão na minha existência, e pra melhor, tanto que sugeri, em um dos capítulos, pequenos infartos reparadores aos meus amigos mais estressados.

Com instintos e habilidades

Ao longo da vida profissional, sempre valorizei o uso do intelecto, da razão e da objetividade em busca de resultados expressivos e compensadores pelo salário que recebia. Afastado do mundo do trabalho, dos escritórios e das salas de aula, passei a me mover inteiramente desobrigado de seguir modelos, padrões e lógicas criados por terceiros.

Aos poucos, fui começando a me orientar pelas sensações próprias do trabalho manual, algo que muitas pessoas nunca experimentaram e algumas nem mesmo imaginam existir. O exercício de fazer por fazer, a emoção de experimentar uma nova maneira de cortar e a satisfação ao confirmar que deu certo, produzem ótimos resultados para quem esteja precisando se sentir capaz e produtivo, mesmo que seja tentando criar simples peças de bambu.

Constatar a precisão de cada golpe e obter uma reta perfeita passaram a ser motivos suficientes para pequenas alegrias.

Compreendi que a destreza no uso de cada ferramenta facilitava o serviço e ampliava as possibilidades de criação, na medida em que eliminava a necessidade de controlar o que eu estivesse fazendo. Ai do pianista que precisasse programar racionalmente a ação de cada um de seus dedos sobre as teclas.

Trabalhando sempre sem ter definido previamente aonde chegar, pude perceber que a ansiedade, a insegurança e o medo de não conseguir alcançar o resultado desejado foram sendo substituídos, com enormes vantagens, pelas descobertas advindas do exercício da curiosidade e pelos prazeres de buscar uma forma qualquer.

Percebi que cada atividade que realizasse com acerto produzia uma força sutil que estimulava o ego e orientava os movimentos subsequentes das mãos. Desse modo, o resultado final passou a ser uma mera consequência de escolhas e decisões sucessivas, feitas ao longo de todo o processo.

Com o tempo, observei que a rugosidade das superfícies, o ruído provocado pela lâmina que raspa e uma fibra contínua eram indicações objetivas e confiáveis para que eu decidisse os passos seguintes. Uma boa parte dos avanços que se sucedem ao longo do processo é orientada por aprendizados obtidos em experiências anteriores.

Nessa mesma linha, constatei que cada uma delas pode ser usada de muitas maneiras, e que cada uma delas, embora possibilite que o trabalho avance positivamente, também poderá fazer estragos significativos.

O curioso é que tudo isso vinha na contramão do que eu havia feito durante anos: planejar e, em seguida, tentar viabilizar o que havia sido proposto. O plano era a medida e a direção dos esforços. Eventuais dificuldades e insucessos se justificavam pela falta de recursos, de comprometimento e tudo o mais.

Errando e aprendendo

Detesto ter que interromper o que estou fazendo em função de um descuido ou de um erro imperdoável que cometi. Talvez tenha sido por conta disso que, intuitivamente e aos poucos, fui desenvolvendo práticas de trabalho e escolhendo ferramentas que ajudassem a minimizar os riscos de cortar o bambu para além do que deveria.

Muitas e muitas vezes experimentei a frustração de ter peças inviabilizadas pela imprecisão de um único golpe. Mas foi com as consequências dos meus erros que mais aprendi na vida.

Quando um ceramista percebe que retirou mais material do que deveria, ele tem a opção de adicionar um tanto de barro e continuar, como se não tivesse errado. Porém, o que se retira da madeira assim como do mármore é definitivo, sem direito a reposição. Essa condição impõe restrições relevantes ao trabalho descuidado, o que faz aumentar o tamanho do desafio. O risco é amigo das emoções.

Quando erramos, seja por inabilidade, distração, incompetência, descuido, pressa ou outro motivo qualquer, não conseguimos transferir responsabilidades para outra pessoa. Os nossos erros nos colocam diante de nós mesmos. O aspecto positivo é que as perdas geradas podem nos ensinar coisas valiosas, inclusive tentar fazer direito e incorporar atitudes consequentes que nos tornem mais prudentes e habilidosos.

No processo de elaboração de cada peça, comecei a perceber que o resultado surge da decisão de respeitar e, se possível, valorizar as particularidades de um determinado pedaço de bambu. O diâmetro do gomo, o colorido do verniz da casca, uma variação na espessura da parede e uma irregularidade na sua seção são partes de um mesmo quebra-cabeça. Procura-se aproveitar, contornar ou suprimir seus defeitos e imperfeições. É mais ou menos o que faz um experiente lutador de judô, ao utilizar a energia do opositor para aplicar um golpe certeiro. Creio que se pode estender essa atitude às mais diferentes situações da vida.

Mãos à obra

Cortar bambu acabou por se consolidar como uma espécie de terapia ocupacional, dessas que são recomendadas para quem tenha baixa autoestima, problemas derivados de perdas irreparáveis, quebra de perspectivas profissionais, infartos do miocárdio e assim por diante. O trabalho com as mãos tem reconhecido poder terapêutico.

A sensação boa de ver surgir e se consolidar uma forma específica é algo que está presente sempre que estou fazendo uma peça qualquer, funcionando como um indutor de escolhas e atividades ao longo de todo o processo. Fui descobrindo formatos diferentes com alguma característica particular, às vezes interessantes. Eles iam surgindo ao longo do processo, na sequência de golpes e de cortes, certeiros ou não, sem seguir projeto ou croqui.

As particularidades de cada pedaço de bambu, quando respeitadas e aproveitadas, acabam por interferir nos resultados desde o começo do processo e a condicionar os formatos que vão surgindo. Resolvido o desenho da peça, os processos de refino das partes e do acabamento podem tirar proveito das fibras e da casca, à cata de beleza, suavidade e harmonia.

Ao longo dos últimos 26 anos, devo ter feito mais de 5.000 peças, na maioria colheres e espátulas, além de objetos sem qualquer utilidade

prática e apenas três garfos. Todas são diferentes umas das outras, seja por imposição da madeira, seja pelo simples prazer de criar peças diferentes e pela convicção de não querer fazer igual.

Algumas das peças são especialmente significativas pra mim em função do desenho, da origem da matéria-prima ou mesmo da dificuldade em conseguir fazê-la. Confesso que tenho predileção pelas que preservam a peculiaridade do bambu de onde saiu, que me fazem lembrar de onde foram feitas, e que me intrigam por alguma razão. O destino da maioria delas é o interior de uma das grandes caixas localizadas debaixo da minha bancada. Algumas poucas, as mais longas, colocadas dentro de potes gigantes, ajudam a tornar agradável o ambiente da oficina caseira.

Evolução natural

É fácil imaginar que as primeiras colheres eram toscas. As que se seguiram, já mais bem-acabadas, eram deixadas à vista de quem viesse visitar o amigo em recuperação. Poderiam ajudar a desviar as conversas sobre doenças.

Muitas delas foram perdendo o encanto à medida em que a vara ia secando. Ásperas e entortadas, não produziam mais admiração. Algumas tiveram que ser descartadas por apresentarem buracos feitos por brocas, gerando incertezas na alma do colhereiro.

Depois que passei a trabalhar só com bambus secos, começaram a surgir pedidos de colheres de vários tipos e tamanhos, para a nossa cozinha daqui de casa e, em seguida, para mexer panelas de parentes e de amigos próximos. Daí pra frente, foi um tal de gente pedindo e eu achando bom e pouco, como os pipoqueiros na saída das escolas.

Logo depois, começaram a chegar pedidos mais específicos: quero uma de cabo comprido; faz uma mais parruda pra beltrana mexer angu; faça uma pequenininha para sicrano servir pimenta; e espátula, você faz dessa também?; papai pediu uma concha maiorzinha; eu quero uma desse jeito; lembra daquela que você deu pra fulano? Quero uma igual.

Adoro que me peçam para fazer uma colher. Gosto de trabalhar por encomenda, de fazer uma peça para uma pessoa querida. Normalmente pergunto se a pessoa é destra ou canhota, para atender também aos requisitos da boa ergonomia. Os canhotos sofrem com tesouras e abridores de lata. Adoro ouvir desaforo por ter dado mais de uma para alguém que parece não merecer. Tem até quem faça cara feia e beicinho por estar na fila, esperando sua vez de ganhar uma delas, bem bonita.

Quando me dei conta, a fama de não vender colher tinha se espalhado entre parentes e amigos, amigos dos parentes e, também, de parentes dos amigos. Interpretei o crescimento da demanda como algo promissor e estimulante. Quanto maior a fila dos que pedem, maior o prestígio do colhereiro. Quanto mais contundente a cobrança do que esteja devendo, melhor para o ego do devedor. Quanto mais de longe vier o pedido, mais importante ele se sente.

Ao saber que não comercializo as colheres, muita gente acha estranho e quase sempre me pergunta sobre as razões dessa prática tão incomum. Pelo que sei, há quem diga que é coisa de artista, de excêntrico ou de doidinho manso. Acho graça e a vida segue.

Pra alguém e pra ninguém

A compulsão de cortar madeira transformou-se em capacidade efetiva de produzir colheres em grande quantidade, bem superior à necessária para atender aos pedidos e cumprir as promessas feitas. Com isso, foi se consolidando uma produção de "colheres pra ninguém" que, sem donos, ficam guardadas em grandes caixas. Sem qualquer intenção de posse ou de acumulação, fico com todas elas. Se foram feitas pra ninguém, de ninguém serão. Bom seria encontrar um lugar, onde pudessem ser vistas por muita gente.

Se não houver erro nas estimativas, as que foram feitas "pra ninguém" já passaram da casa das três mil. Dessas, imagino que as brocas devoraram umas oitocentas. As que restaram estão, na quase totalidade, em grandes caixas de plástico duro, sem a proteção de inseticida. Outras ajudam na decoração da sala de TV, um dos meus lugares preferidos de trabalho.

Sem qualquer dúvida, eu prefiro fazer colher para alguém. É que trabalhar para uma determinada pessoa é uma boa oportunidade de passar um tempo com as atenções voltadas quase que inteiramente às lembranças e referências que tenho dela. Seja ela amiga de infância, colega de faculdade, namorada de amigo, ex-professora de meus filhos, vizinha de muro, artista conhecido, amor da juventude, dona de butique, prima distante, atriz de teatro, pintora, pescador das antigas, dono de barraca na feira, baterista, pedreiro faz tudo, cartunista, sócio, colega de batucada, fotógrafo, cozinheiro dos bons, filhos, fornecedor de cachaça, arquiteto criativo, vizinho de infância, e muita gente mais.

Pelas minhas contas, é provável que eu já tenha dado mais de umas 1.500 "para alguém" conhecido ou sabido. Digo assim porque também já fiz centenas delas para gente que não conheço, nunca vi de perto, o que praticamente inviabiliza aquela brincadeira, muito embora propicie uma outra, a de ficar tentando imaginar sua figura completa, suas preferências e a sua reação ao receber o presente.

Se conseguisse juntar as energias das alegrias, lembranças, saudades, surpresas, abraços e beijos que tenham sido produzidos por essas colheres, eu poderia ir à Lua e voltar. Sem exagero.

Quatro tipos

Ao longo desse tempo, venho me deparando com situações cheias de significado. Algumas delas acontecem com alguma frequência: surgem do impacto que as colheres provocam sobre pessoas dotadas de sensibilidade apurada diante do que veem e, sobretudo, do que tocam. Quando as identifico e consigo acompanhar seus movimentos, sinto afinidade e muita satisfação.

Fico tentando imaginar o que sentem e o que lhes passa na cabeça ao pegar uma delas nas mãos. Elas parecem se encantar com a forma inteira e com alguma de suas partes em particular, passando a investigá-la mais com as pontas dos dedos. Por vezes, passam a impressão de estarem curtindo a suavidade do acabamento, com a alma leve e a cabeça longe dali. Vez por outra, com a ajuda dos olhos, conferem se o cabo está retinho, se a simetria da concha está perfeita.

Às vezes se instala em algumas pessoas o impulso de se imaginar usando uma delas para mexer um doce ou para servir pimenta, aproveitando pra conferir se a pega do cabo é cômoda e garante firmeza.

Tendo aprovado, elas voltam suas atenções para as particularidades do bambu. Pode ser que, nessa hora, se deem conta de que nunca prestaram tanta atenção numa colher de pau. Nesses momentos, talvez tenham curiosidade por saber como se faz uma delas e sintam vontade de criar alguma coisa com as mãos.

O encantamento fica perceptível: com as pontas dos dedos alisando a peça, os olhos brilham, embora apertadinhos em função do sorriso que se instalou. É muito bom ver a cena. Ao observar as reações e atitudes das pessoas em relação às colheres, entendi que elas poderiam ser enquadradas em umas poucas categorias. Perceber seu grau de interesse e suas reações era condição para aceitá-las e conviver bem com todas elas.

A primeira delas é formada pelos que não sentem nem expressam qualquer afinidade com as colheres. Alguns me faziam ficar sem graça, tamanha a frieza e o descaso diante do que eu mostrava. Isso, lá no começo, quando estava totalmente carente de elogios. Algumas dessas pessoas chegam a ser engraçadas ao não reconhecerem utilidade, beleza ou especificidade em peças que estejam à sua frente. Agem com franco e total desinteresse, quebrando as expectativas de qualquer colhereiro que se preze.

Inclui-se aqui gente de todas as idades, sexos, profissões, origens, níveis de renda, sem qualquer distinção. Até hoje eu não consigo identificá-las à primeira vista. Mas a resiliência tem o seu lugar. De tanto ver o irmão trabalhando, hoje Cláudio até aceita o ofício, embora sem sentir grande interesse.

Um outro grupo, esse bem maior, é formado por pessoas práticas e curiosas. Essas querem saber a utilidade, o preço, o tempo que levo pra fazer, se tem tamanho maior, se pode molhar, se tem pra pronta entrega e assim por diante. Fazem perguntas avaliando com atenção as peças e se mostram surpresas com as minhas respostas, sobretudo quando falo que as colheres não estão à venda. Algumas chegam a ficar indignadas e se afastam, talvez por achar que estavam perdendo tempo.

O terceiro grupo é constituído por pessoas que adoram colheres, todas elas. Essas proporcionam a alegria de qualquer colhereiro. São as que prefiro, as que me fazem acreditar que o ofício vale a pena. Ao pegarem as peças nas mãos, parece que uma espécie de mágica acontece e elas emitem sons e fazem gestos próprios do uso que imaginam para cada uma. As conversas com essa gente correm frouxas e emocionadas. Nessas horas, é comum alguém me pedir uma de presente. Pra mim, o pedido é uma verdadeira demonstração de interesse e carinho. Sempre prometo atendê-lo e o faço com grande disposição, mas sem me comprometer com prazos de entrega.

Pixação anônima no muro dos fundos da nossa casa.

Existe também uma quarta categoria, que abrange a quase totalidade das pessoas deste mundo: as que não conhecem nem nunca ouviram falar das minhas. O resto da humanidade.

Vontade de escrever

Uns cinco anos depois de ter começado a cortar bambu, me pegou de surpresa um comentário de Hilal Sami Hilal, em matéria de jornal de Vitória, a respeito das minhas colheres. Segundo o artista, elas têm características para além daquelas que são próprias dos objetos utilitários e decorativos, e chegou a lhes atribuir dimensões de arte. Era a primeira vez que alguém fazia uma observação dessa natureza.

Como Hilal é amigo de varanda, cozinha e mesa, volta e meia esse assunto vem à baila, sempre sem qualquer sinal de acordo, dado que prefiro me considerar um colhereiro. Artista é gente que, como ele, expressa suas inquietudes e sua poesia nas obras que produz. Até entendo que as composições que Carol faz com as colheres para as exposições têm um componente artístico expressivo, a ponto de impactar as pessoas.

Com o passar do tempo, minha imagem pública, que sempre esteve associada às atividades profissionais, foi abrindo espaço para incluir a de fazedor de colheres de bambu. O avanço da idade facilita a incorporação de competências e habilidades fora dos padrões tradicionais. Os cabelos compridos e a barba branca ajudaram bastante nessa transição de imagem de servidor público para a de colhereiro convicto, que muito valorizo e gosto de ver difundida.

Lembro-me que uns poucos consideravam um despropósito e um desperdício de tempo que alguém, com minhas capacidades disso e daquilo, ficasse dias inteiros fazendo colheres de pau. Hoje rimos daqueles comentários.

Conversando com Carol sobre esses acontecimentos, senti vontade de escrever sobre as histórias que vivemos por conta delas. Nós estávamos deitados numa dessas redes enormes de casal, armada exatamente na parte da varanda onde cortei o primeiro pedaço de bambu em 1995.

Alguém, nunca descobrimos quem escreveu no muro da nossa casa, na esquina da rua com a alameda que existe na parte de trás, uma frase muito significativa: "Viva a colher". Hoje ela está totalmente coberta pela hera. Por sorte, encontrei uma foto que meu amigo Taca Paiva de Almeida fez quando voltava da praia.

CAPÍTULO 2

PRODUÇÃO PRAZEROSA

Tendo feito tamanha quantidade de colheres diferentes durante um período tão longo, aprendi muita coisa útil e ótimas lições de vida. Certamente, as mais relevantes estão relacionadas à satisfação de fazer o que se gosta, livre de obrigações, normas e padrões, sem preocupações com críticas que inibam a experimentação e a vontade de criar, sem o peso de expectativas pessoais excessivas e sem as interferências do dinheiro.

A vontade de tentar fazer uma coisa qualquer, a coragem de experimentar maneiras diferentes, o exercício de repetir um gesto muitas vezes singelo, a disposição de continuar tentando, a curiosidade de ver se vai dar certo, a alegria de estar conseguindo o desejado, a satisfação de apreciar o objeto pronto, e muito mais, são elementos de uma espécie de equação que muita gente nem conhece ou se dispõe a resolver.

Pois tenho uma boa dose de certeza em afirmar que, se essa equação for bem enfrentada, os benefícios e os resultados alcançados comprovam que vale a pena resolvê-la. Mais do que isso: esses resultados nos mostram que somos capazes de criar algo que, de alguma forma, pode se mostrar útil ou até mesmo encantar.

Por experiência própria, posso afirmar que o que surge de bom ao se fazer alguma coisa pode compensar, com sobra, os esforços despendidos, o tempo gasto, o material consumido, as dúvidas por onde seguir, os erros cometidos e até as críticas que se venha a receber.

Ao se observar o que se vai sentindo ao longo do processo de produzir alguma coisa, é possível constatar uma grande variedade de emoções relevantes, quase todas muito positivas e estimuladoras. As primeiras delas surgem antes mesmo de se começar a trabalhar. Basta lembrar da excitação que brota a partir da escolha do que se gostaria de fazer nos próximos dias, a ponto de, muitas vezes, se anunciar com entusiasmo a decisão.

Outras surgem ao se definir as características do que vai ser feito e os resultados que poderão advir se tudo der certo. Conseguir o que é necessário para realizar o que se tem em mente também traz ótimas emoções, inclusive as relacionadas à compensação da procura e da busca.

Na sequência, é a vez das alegrias que se sente quando se começa efetivamente a trabalhar, ao dar o primeiro golpe, ao escrever a primeira frase, ou dar o primeiro traço ou pincelada. É a partir daí que chega o prazer de comprovar as próprias habilidades, inatas ou aprendidas, e, sobretudo, de conseguir dominar os próprios gestos e tirar proveito das ferramentas.

Desenvolver métodos que facilitem o avanço do trabalho e aprimorem os resultados é altamente compensador para o nosso ego. Inovar e experimentar fazer diferente também é sempre muito gratificante.

Muitas e boas emoções também brotam da persistência em tentar novamente e continuar tentando até conseguir o que se quer. É comum sentir espanto frente a fatos inesperados e uma alegria boba ao retomar o serviço. Assim como sentir a cumplicidade e a sintonia quando se está produzindo junto com mais alguém.

Ao ver pronto o que parecia difícil de se conseguir fazer, a sensação de realização pessoal se instala na alma da gente e pode durar um bom tempo. Está mais do que provado que a autoconfiança aumenta toda vez que a gente confirma que conseguiu fazer algo direitinho.

Fazer uma colher para uma pessoa querida é uma boa oportunidade para repassar momentos de convívio, lembrando o que aprendi de bom com ela, e tentando imaginar a sua reação ao receber o meu presente. Gosto de ver sua alegria ao pegar no cabo da colher e movê-la no ar, de um lado para o outro. Quase sempre ganho abraços afetuosos e beijos estalados, se for o caso.

Muitas outras emoções podem acontecer quando se mostra para outras pessoas os resultados, na forma de objetos, palavras, sons e tudo o mais. É muito prazeroso saber que o que você fez foi aprovado com entusiasmo e está em pleno uso.

Acontecendo um reconhecimento público expressivo, a gama de emoções se amplia proporcionalmente, sobretudo quando ele produz desdobramentos para muito além do que seria esperado ou pretendido.

Cabeça de engenheiro

Eu pretendia fazer vestibular para arquitetura, em Brasília, mas me formei em engenharia mecânica, em Vitória. Logo depois, fiz o mestrado em engenharia de produção no Rio de Janeiro, por acreditar que era um campo promissor para pessoas que apreciam a racionalidade e acreditam no poder do bom-senso.

Os engenheiros de produção gostam das coisas funcionando de modo harmonioso. São contratados para melhorar desempenhos economizando esforços e energia, evitando desperdícios e retrabalhos, minimizando perdas e esperas. Gosto de dizer que eles surgiram para corrigir o que estivesse funcionando mal, gerando dores de cabeça, dando prejuízo. Os mais experientes contam com refinada capacidade de observação para identificar falhas, inadequações e restrições, e, a partir disso, propor melhorias.

Nos livros de sociologia da produção, aprendi que o homem só se move espontaneamente para satisfazer suas necessidades. Cada um de nós tem desejos e expectativas que vão se alterando ao longo da vida e que nos fazem agir para tentar realizá-los. Dotados de habilidades e competências, somos capazes de produzir o que nos pareça oportuno, nos estimule ou nos peçam para fazer. Em outras palavras, todos nós estamos prontos e disponíveis para sermos seduzidos por oportunidades que se apresentem e mobilizados por tudo aquilo que nos faça sonhar.

Longe de considerar o trabalho como algo chato e penoso, fui aprendendo a entendê-lo como atividade nobre e compensadora, pelo que pode proporcionar a quem o realiza e aos muitos que se beneficiem de seus frutos. Sou da opinião de que todos nós podemos produzir coisas boas, úteis e até mesmo valiosas.

Sempre me diverti arranjando alternativas que facilitam a vida e economizam tempo e movimentos, além de evitar desperdícios de recursos. Isso em fábricas e, também, na cozinha de casa. Aqui, a brincadeira começa

Cortando bambu em casa, na praia, em atracador, com Amora, diante de torre, perto do oceanário.

por assegurar que ela esteja sempre limpa e arrumada, com as coisas em seus devidos lugares. Em seguida, dedico atenção especial às operações de lavar louças, talheres e panelas, atividades diárias e obrigatórias, que muita gente detesta fazer.

Aos poucos, passei a ensaboar pratos em série e empilhá-los sob a torneira, aproveitando o fio de água para ir tirando o sabão dos que estão por baixo. Ficaram proibidas as práticas de empilhar louça suja e de jogar tudo dentro da pia engordurada, pois elas espalham a sujeira. Nessa linha, deixar pra lavar tudo depois passou à condição de crime inafiançável, dado que é muito mais difícil limpar o sujo depois que ele seca e gruda. Nunca contabilizei as economias com água e sabão, nem as horas e agradecimentos que ganhei.

Em sala de aula, ao tratar de temas correlatos, passei a utilizar como exemplo o que eu praticava na cozinha. Sendo um ambiente conhecido por todos, deu super certo. Tanto que, anos depois, uma das minhas ex-alunas me disse que achou aquilo tão interessante que resolveu estudar a fundo os processos de otimização. Hoje, ela dá aulas e faz pesquisas na USP, em São Paulo, para meu orgulho como professor.

Basta querer

Nesta vida de fazedor de colheres, fui incorporando conceitos básicos sobre o trabalho rotineiro e adotando práticas que resultaram da experimentação, da observação e do uso do bom-senso. Nada que não possa ser adotado por qualquer pessoa que se disponha a produzir algo com as próprias mãos, em casa, de preferência.

Resolver fazer alguma coisa, qualquer que seja, é uma atitude estratégica e determinante. Começar a fazer é ato obrigatório e fundamental. Postergar o início do trabalho sem uma boa razão pode inviabilizar o que se pretende realizar e trazer incômodos, inclusive tristezas.

Fazer com as mãos pode ser muito gratificante pelo que proporciona durante o trabalho e quando ele termina. Usar a cabeça sempre compensa. Adotar métodos consistentes e ferramentas adequadas facilita o trabalho e pode ampliar os resultados. Conseguir fazer melhor e mais rápido exige experiência, métodos apurados e alguns macetes.

Todo processo tem etapas sucessivas, normalmente em sequência obrigatória. Em cada etapa, acontecem ações específicas e a realização de cada uma delas depende da anterior e condiciona as seguintes. Interrupções provocadas por erro, por impossibilidade ou canseira são fatos absolutamente normais. Retomar a produção é condição obrigatória, de preferência, tão logo sanadas as restrições. Deixar a poeira assentar e dar um tempo para esfriar a cabeça são atitudes recomendadas quando a situação mostra que não dá pra seguir em frente. A distância e o tempo ajudam a compreender melhor as restrições e a encontrar alternativas para contorná-las.

Também fui aprendendo que, no processo de produzir, escolher é providência rotineira e estratégica. As escolhas expressam preferências e quase sempre interferem nos resultados. Elas são demandadas ao longo de todas as etapas da produção. Escolher requer conhecimentos sobre requisitos, limitações, possibilidades e riscos. Boas escolhas são a alma dos sorrisos e as desavisadas podem ser decepcionantes e até fatais. Melhor não precisar contar com a sorte.

Experimentar e arriscar são atitudes corriqueiras na vida de quem gosta de fazer e inovar. É sempre muito prazeroso experimentar novas maneiras de encaminhar o trabalho e de tentar chegar a algo não totalmente conhecido. Acertos sempre trazem satisfação.

Errar e tentar corrigir fazem parte do trabalho. O erro é instigante e altamente pedagógico para quem não se abate com ele. Desconsiderá-lo pode levar a resultados imperfeitos e decepcionantes, a ponto de desestimular a continuação do serviço.

Gosto de julgar que o resultado final não é completamente previsível e nem sempre alcançável. Sendo assim, é recomendável que esforços sejam orientados para se conseguir ganhos progressivos e animadores. Da minha parte, adotei um lema bem objetivo: se ainda não cheguei a algo aceitável e que me agrade, é sinal de que o serviço ainda não terminou e que a brincadeira deve continuar.

Ao longo da vida, tive oportunidade de conviver com todo tipo de gente e de acompanhar de perto a atuação de muitas pessoas. Com algumas, aprendi que vale a pena optar por fazer coisas fáceis e rápidas, que possam admitir variações e que permitam celebrar muitas e sucessivas pequenas vitórias. Com outras, que pode ser frustrante tentar fazer coisas complexas e demoradas, sobretudo enquanto a inexperiência vigora e os recursos não estão acessíveis.

Desdobramentos inimagináveis

Aos 74 anos de idade, já tendo feito muita coisa, seja por dever de ofício de servidor público, como empresário ou por puro divertimento pessoal, fui ganhando a convicção de que é muito mais compensador quando se produz alguma coisa que possa beneficiar a terceiros: seja um grupo de alunos, um conjunto de universidades, um segmento industrial, um coletivo de empresas nascentes de tecnologia, a população de uma cidade ou mesmo alguém que vive do outro lado do oceano.

Faz um bom tempo, ouvi de um palestrante que Nietzsche afirmava que, ao se deparar com algo que considera belo, a pessoa experimenta um impacto e passa a querer dividir a sua descoberta com os outros. Segundo ele, o belo é uma experiência individual, nem sempre transferível. No ato, me veio uma cena que presenciei na visita a uma réplica do ateliê de Brancusi, em Paris. Um senhor emocionado mostrava para sua mulher uma obra grande e opaca que estava ao lado de muitas outras. Como ela não demonstrava entusiasmo, ele insistia em convencê-la, sem sucesso, da beleza daquela espécie de peixe enorme, esculpido em pedra.

Talvez isso ajude a entender os desdobramentos que vêm acontecendo por obra e graça de pessoas que se encantaram com as colheres e se dispuseram a fazer com que mais gente pudesse conhecer o que venho fazendo com bambu.

Sei de muita gente que colocou as colheres que ganhou nas paredes, de fotógrafos que registraram em acetato e arquivos digitais as que viram, de jornalistas que escreveram matérias para jornais e revistas, de professores que promoveram palestras e oficinas sobre elas e de dirigentes de museus que organizaram exposições para mostrá-las, mundo afora. Cada qual, a seu modo, vem ajudando a provar que fazer bonito e bem feito compensa.

De todos os desdobramentos acontecidos até aqui, o mais expressivo e surpreendente é, sem dúvida, o livro *Alvaro Abreu – Bamboo*, que o fotógrafo alemão Hans Hansen resolveu fazer, sem ao menos me conhecer pessoalmente, para comemorar os seus 50 anos de carreira. Tanto que ganhou aqui um capítulo exclusivo.

Em paralelo e em complemento a tudo isso, entendo que vale a pena ter em mente que as coincidências e os acasos existem e que os anjos da guarda podem cumprir papéis determinantes nas histórias de cada um de nós.

CAPÍTULO 3

LUGAR DE TRABALHO

A nossa casa sempre foi muito movimentada, como é natural quando a família é numerosa. Situada no caminho de duas praias, era comum ver adolescentes entrando pra deixar a bicicleta, tomar uma chuveirada, trocar de roupa ou beber água gelada. Muitas vezes, os mais chegados ficavam para o almoço ou pra pegar carona na caranguejada.

Meu pessoal sempre gostou de fazer festa animada para comemorar aniversários, casamentos, bodas em geral, sem falar das vitórias da seleção e sobretudo do Flamengo, sob meus protestos tricolores. Não foram poucas as comemorações que vararam noites, sempre ao som de boa música instrumental.

Posso garantir que várias vezes fui demandado a fazer cozidos e feijoadas, para mais de 30 bocas famintas, recebendo salva de palmas entre garfadas ou depois da sobremesa. Trabalhar na preparação das comidas e na arrumação da casa, antes e depois das festas, sempre fez parte da rotina.

Aos poucos, a nossa casa foi se esvaziando, perdendo moradores. Rafael, o filho mais velho, resolveu morar com um amigo, para ter mais liberdade e curtir a juventude. Manaira, a mais velha das três filhas, tão logo se formou, foi para São Paulo se especializar em design gráfico e respirar novos ares. Na sequência do ano seguinte, foi a vez de Bebel, nossa filha do meio, recém-graduada em arquitetura, passar um tempo em Munique, estagiando num museu. Na volta, ficou conosco uns poucos meses, até refazer as malas e ir se juntar com a irmã na Paulicéia.

Diana tomou conta do pedaço e achou de trazer Nélio para morar conosco. O *test-drive* durou anos, até que, depois de uma animadíssima festa de casamento, foram montar seu próprio ninho em outro bairro da cidade.

Ainda bem novo, Bento saiu de casa para, junto com amigos, montar a Casa Alta, em Fradinhos, um lugar para altos papos e sonhos coletivos, que abrigou a Banda Solana. Com o tempo, ela se transformou no lar de sua família. O quarto de Bento, onde também tinham acontecido os ensaios da banda Legba, virou escritório, com prateleiras de livros e mesa de trabalho com computador e acessórios.

Lar, doce oficina

À medida em que a função de cortar bambu foi se estabelecendo como algo rotineiro e predominante no cotidiano, nossa casa foi se transformando num lugar adaptado à produção.

No começo, aproveitei o banco e a mesinha de madeira de coqueiro, trazidos de João Pessoa, e do que fui encontrando nos meus guardados. Mais adiante, achei por bem mandar fazer uma pequena bancada alta, onde pudesse trabalhar de pé ou sentado num banquinho de arquiteto.

Naquela época, as chaminés das grandes empresas instaladas na Ponta do Tubarão (de minhas saudosas memórias de pescador de lagostas), hoje conhecidas por Arcelor Mittal e Vale, já despejavam impunemente, pela casa inteira, pelo bairro inteiro, grande quantidade de um pó preto que brilha, mistura de carvão com minério de ferro.

Achei que também tinha o direito de deixar restos de madeira por todo lado. Longe de serem vistos como sujeira, para mim eram verdadeiros testemunhos de que cortei, raspei e lixei naquele dia. Quando as reclamações se tornaram convictas, adotei o hábito de recolher os gravetos e o pó do bambu, em todo e qualquer lugar onde tivessem sido produzidos.

Na varanda, instalei uma marcenaria mambembe com um banco transformado em bancada.

Sempre achei que a casa tem que oferecer aos moradores boas e adequadas condições para abrigar atividades de produção, para muito além daquelas realizadas nas cozinhas, áreas de serviço e escritórios. Um bom exemplo disso são os quartos de costura, do tempo em que as roupas da família eram feitas em casa.

Sou dos que valorizam o lugar de trabalho, entendido como espaço quase sagrado. Ele deve oferecer condições para se instalar uma boa bancada, operar maquinário simples e guardar ferramentas e materiais. Ele deve ser confortável, contar com iluminação e ventilação adequadas, estar sempre limpo e ser de fácil acesso, a qualquer hora. Nada de um quartinho nos fundos, normalmente quente, escuro, cheio de tralhas, impróprio e indigno aos fazeres.

Acho que nas residências deveriam sempre existir ambientes que estimulem os moradores a produzir com a cabeça e, também, com as mãos. Um lugar onde se possa fazer barulho, gerar poeira, molhar o chão e manter objetos próprios ao ato de fazer.

Imagino que em tempos de recolhimento forçado, como os que estamos vivendo, o ambiente de produção ganhou importância, por necessidade de renda ou para ajudar a passar o tempo.

Marquês de Tomares

Meu armário, meu tesouro

Tenho um armário recheado de tudo o que é recurso útil numa eventualidade ou necessidade urgente e, sobretudo, no caso de eu querer fazer alguma coisa que me dê na telha. Não é grande: tem 2m de altura, 50 cm de profundidade, 80 cm de largura e fica encostado numa parede, a uma boa distância da TV.

Nele, estão uma caixa repleta de chaves de fenda, martelos, alicates, grosas, limas, uma furadeira portátil, uma pequena serra elétrica, uma plaina antiga, serrotes, um facão, e por aí vai. Guardo nele pregos e parafusos, cordas, cordinhas e barbantes, fitas adesivas, colas, elásticos, arames, óleos e graxa, breu, vela, foices, serrinhas, prendedores, braçadeiras, fixadores, ganchos, pincéis, reparos, câmara de ar de bicicleta e uma grande variedade de itens aparentemente inúteis.

Na parte de baixo, pode-se encontrar uma infinidade de utilidades improváveis, como partes e sobras de materiais diversos, recolhidos durante as últimas décadas, e minha surrada bolsa de pescaria, guardada num canto há mais de uns dez anos, sem uso.

Nela, guardo e encontro de tudo um pouco, pra pescar e pra garantir a sobrevivência em praias desertas. Além de molinetes, linhas, chumbadas, anzóis, arame de aço e iscas artificiais, nela estão também o meu canivete "quase suíço", um tubinho de Noskote, para proteger do sol as manchas do meu vitiligo, um sabonete já bem usado, dois pedaços de vela, fio urso, pregos, rolha, um pano de prato surrado, entre outras muitas coisas.

Minha bancada, meu porto

Uns dois meses depois que comecei a cortar bambu diariamente, resolvi mandar fazer uma bancada. Por necessidade e merecimento. No começo de 1995, era remotíssima a perspectiva de voltar à rotina de ficar dias inteiros fora de casa.

Achei que seria bom organizar a casa para o que poderia vir a ser um bom exemplo de "ócio produtivo", no dizer do italiano Domenico Di Masi. Neném, meu cunhado, me levou à marcenaria do seu Romualdo, que ficava próxima da oficina dele. Antes mesmo de estacionar o carro, vi que na calçada existia um pranchão, de uns 10 cm de espessura por uns 70 cm de largura.

Depois de dizer o que queria, perguntei se seria possível fazer uma bancada com aquele pranchão. Ele só faltou me dar um abraço, de tanta alegria, e foi dizendo que cuidaria pessoalmente do assunto. Contou que aquela madeira era de uma antiga prensa de mandioca do pai dele e estava ali há meses, aguardando uma boa oportunidade para voltar a ser útil.

Foi emocionante assistir à minha bancada chegando num caminhão. O velho marceneiro estava feliz e orgulhoso ao tirá-la da carroceria e me mostrar o que tinha feito. Mas ele riu, meio espantado, quando lhe disse que ficaria na sala da TV, um lugar de convívio familiar diário, onde o silêncio é uma condição quase obrigatória.

Assim, foi criada uma espécie de arena, um espaço para uma aguerrida peleja entre um homem disposto a cortar bambu, inclusive com golpes de foice, e membros da família e amigos que estivessem presentes naquela sala.

Tinha pedido a Romualdo que fizesse a bancada com altura adequada para poder trabalhar confortavelmente, de pé ou sentado na banqueta de desenhista, com um dos pés no chão e o outro na trava. Ficou perfeita, nos conformes.

Imediatamente instalei nela o torno bem pequeno e versátil que encontrei num estacionamento em Brasília, por volta de 1974, depois de chutá-lo no escuro. Recurso de produção da minha mais alta estima, ele permite girar a morsa nos três eixos, o que facilita muito a vida de quem precisa, por exemplo, fixar alguma coisa para ser serrada.

No lado direito da bancada, preguei uma lixa grossa para fazer os primeiros desbastes. No centro, para proteger seu tampo, coloquei uma pequena tábua onde pudesse apoiar o bambu para golpeá-lo com a foice. Nas bordas, bati alguns pregos grandes, para pendurar a vassourinha que ganhei do Alemão das Vassouras e um pedaço de calça Lee já bem molinho, próprio para limpezas em geral.

Grande, bem grandona

À medida em que a saúde foi melhorando e as forças nos braços voltaram, a disposição de trabalhar com bambu se instalou de vez.

Logo entendi que precisaria de uma nova bancada, grande e robusta, pra fazer o serviço mais pesado e barulhento. E foi por isso que eu recorri outra vez aos préstimos de seu Romualdo. Ele disse que sabia onde encontrar um pranchão de angelim-pedra com mais de três metros de comprimento, quase um metro de largura e uns dez centímetros de espessura. Dava gosto ver sua animação quando ele veio me mostrar o que tinha encontrado. Quando trouxe a minha bancada desmontada, foi preciso contar com a força de cinco homens pra carregar o tampo até a área coberta que criamos ao lado da casa, nos fundos do lote.

Com o tempo, comecei a me dar conta de que precisaria mudar a bancada para um lugar melhor, livre do vento encanado nas costas, da reverberação dos sons no telhado baixo e da obrigação de não incomodar os vizinhos. Custei a conseguir convencer o pessoal de que seria muito melhor se ela estivesse instalada na varanda da frente, nem que fosse só por uns tempos.

Mais adiante, para minha alegria, contei com o total apoio para trazer também a bancada para a sala de TV, agora um cômodo quase sem uso por terceiros. Por obra dos anjos protetores dos colhereiros, conseguimos colocá-la encaixada por baixo da outra, formando um grande "T".

Hoje em dia, com certo orgulho, tenho uma espécie de ateliê caseiro onde posso trabalhar à vontade, a qualquer hora do dia e da noite. Um verdadeiro luxo para um homem trabalhador e persistente como eu, que adora fazer colher, consertar coisas e atender solicitações diversas dos netos. Ali, já fiz pares de pernas de pau, carrinhos de rolimã, arcos e flechas, estilingues, além de reparos em brinquedos em geral.

Ao saber da minha intenção de fotografar as entranhas do bambu, meu amigo Vitor Nogueira me emprestou uma geringonça muito jeitosa, que possibilita captar imagens de um objeto de alturas variadas, com a câmera presa a um suporte que se movimenta verticalmente. Com ela colocada em cima da bancada, passei a me sentir, também, um feliz proprietário de estúdio fotográfico mambembe, acessível a qualquer hora.

No quesito iluminação, conto com uma luminária de braço flexível e um tripé com lâmpada circular, que permite a troca do tipo de luz e ajustes na sua intensidade. Isso sem falar da luz natural, que entra pela janela frontal, com ou sem a vedação suave da cortina de sisal.

Como a parede branca da casa vizinha oferece luz rebatida da melhor qualidade na área de serviço, sempre que oportuno, coloco a tal geringonça na bancada de pedra que existe debaixo da janela.

CAPÍTULO 4

FERRAMENTAS

Sempre gostei de ver açougueiros trabalhando. Em geral, são habilidosos ao desossar um quarto traseiro de uma vaca para separar os cortes e tirar as pelancas e gorduras, deixando as peças atraentes. São rápidos ao dividir as tiras de patinho para moer e separar as costelas. Dá pra ver que ficam orgulhosos quando cortam de primeira um pedaço da alcatra na quantidade quase exata à pedida pelo freguês.

Gosto de ver o açougueiro afiar o corte de sua faca enorme numa chaira, um amolador redondo e comprido de metal. Com movimentos rápidos, sempre em direção à mão que segura o cabo da dela e vai passando a faca de um lado e de outro. Faz isso olhando para os lados, fazendo cara de distraído, conversando com freguesa deslumbrada.

Não vou a uma barbearia desde dezembro de 1970, quando fui cortar o cabelo para ir, de smoking alugado e gravata borboleta preta, à festa de formatura da minha turma de engenharia mecânica, como era usual.

Sentado numa daquelas cadeiras enormes e giratórias, gostava de ver, pelo espelho, o barbeiro amolando a sua navalha, que, de tão afiada, virou sinônimo de arma perigosíssima. A cena era realizada como uma espécie de ritual. Com movimentos largos, pra frente e em direção ao corpo, ele alisava os dois lados da lâmina, quase deitada, na face superior de um bastão de madeira, por certo coberta com algum material abrasivo finíssimo.

Como os açougueiros, os barbeiros mais experientes faziam aqueles gestos com naturalidade, olhando com atenção o pescoço do freguês, como que estudando por onde começar o serviço.

Ao longo da vida, fui tomando gosto por ferramentas. Imagino que começou quando aprendi a fazer pipa pra empinar no vento. Usava uma faca cega da cozinha para fazer as varetas e montar a estrutura em cruz, e depois amarrar uma linha passando nas pontas. Com a tesoura de costura, eu cortava papel de seda no tamanho certinho, passava cola em cada beirada e dobrava a sobra para dentro, por cima da linha. Tudo pronto, era a vez de fazer o cabresto, com linha mais forte, e a rabiola, com tiras de pano.

O poder do caco de vidro eu conheci quando comecei a fazer botão com casca de coco, pra jogar futebol de mesa. Era um recurso usado por todos os fazedores de botão da cidade. Nas lojas, só existia uns de plástico bem leves, com rebaixo no centro pra colocar a fotografia do jogador. Foi também nessa época que me ensinaram a arredondar um pedaço de casca de coco, raspando no cimento das calçadas da Rua 25 de Março, em Cachoeiro.

Ainda moleque, já usava martelo, serrote, alicate e chave de fenda. Com a chegada das bicicletas, comecei a usar chave de boca pra tirar a roda e regular o selim assim como o freio. Não me lembro de ter visto papai fazendo algum serviço com as mãos. Acho que ele não se envolvia com ferramentas, talvez por ser meio sem jeito e, sobretudo, por ter quem fizesse as coisas por ele. Dele, herdei um canivete de lâmina muito boa, que estava com Afonso, meu irmão.

O poder das necessidades

Ao comprar uma ferramenta, a gente não pensa nem faz ideia de como ela surgiu e de como foi sendo aprimorada ao longo do tempo.

Sou dos que acreditam que elas foram surgindo à medida em que o homem se deparava com situações que exigiam a utilização de forças e habilidades para além daquelas com que ele poderia contar, naquele momento. Quando um dos nossos mais distantes ancestrais quis dividir a carne da caça, deve ter experimentado uma pedra pontuda que estava ao lado e viu que dava certo. Daí, passou a lascar pedras e entrou para a história.

Também gosto de imaginar que inventaram a alavanca quando quiseram proteger a entrada da caverna com pedras enormes. É capaz que um deles tenha tido um estalo, ao brincar com um pedaço de pau comprido apoiado em algum lugar firme, tentando mover algo pesado.

Centenas de milhares de anos depois, Arquimedes – matemático e filósofo grego, que deveria ser considerado o patrono das ferramentas – expressou o poder da alavanca, poeticamente e em poucas palavras: "Dá-me uma haste longa e um ponto de apoio que moverei o mundo".

Penso que as necessidades do homem são a força motriz de suas criações e fatores determinantes nas soluções de problemas, ainda que provisórias e sujeitas a aprimoramentos. Acredito que elas foram ganhando melhorias e refinamentos, que as simplificaram e aumentaram sua eficácia. Diante da impossibilidade, o homem se põe a estudar o que dificulta e impede aquilo que esteja querendo fazer. Para isso, se vale de conhecimentos que adquiriu, de suas experiências, de sua capacidade de analisar e fazer comparações, de sua inventividade.

Abastecido de elementos relacionados a formas, funções e possibilidades, ele começa a idealizar soluções viáveis, com os recursos ao seu alcance. Determinado, põe-se a realizar e aperfeiçoar sucessivamente a solução que elegeu.

Ao colocar em uso o que inventou, poderá se sentir satisfeito e poderoso. Isso, se der certo. Se der errado, é bem provável que ele se sinta instigado a prosseguir tentando encontrar outra rota de solução. Os alemães dizem que se alguém está tendo muita dificuldade pra fazer alguma coisa, deve ser porque está usando a ferramenta errada.

Declaro-me fã do MacGyver da TV, que conseguia soluções improváveis, inclusive fazer um avião usando somente varas de bambu, lona de plástico, barbante e motor de kart pra fugir da ilha onde estava preso. Ele sempre criava seus inventos e geringonças salvadoras com a rapidez e a segurança de quem sabia o que estava fazendo e onde queria chegar.

Magaivando adoidado

Montar um avião eu nunca tentei, mas montar um motorhome para levar meu pessoal pra passear durante os dois meses de férias que tinha acumulado foi algo relativamente fácil de fazer.

Um amigo sugeriu que comprasse um ônibus, o que fez os olhos da mãe e dos filhos mais velhos brilharem. Fui, provavelmente, o primeiro a ler aquele anúncio nos classificados, e fechei o negócio por telefone, condicionado à aprovação do chefe da oficina da Mercedes Benz em Brasília.

Dois dias depois, eu era o feliz proprietário do antigo "carro" 1307 da Viação Itapemirim, um mercedão de 38 lugares, com toalete a bordo, todo branquinho, nos trinques.

Estava montada a equação digna dos melhores estrategistas em turismo para famílias de grande porte. É praticamente impossível passar 60 dias de férias, com mulher e cinco filhos, viajando de um lado para outro de avião, carro alugado e de táxis, entrando e saindo de hotéis e pousadas, sem as facilidades da internet para selecionar onde dormir e fazer reservas. Viajar de kombi era a única opção disponível, prontamente refutada pela mãe zelosa.

Como não tinha carteira profissional, nem onde guardar o Busante, como ele foi batizado, aceitei a proposta de alugá-lo, por um sexto do valor da compra, para a escola poder continuar levando seus alunos de um lado pra outro por mais um mês.

Foi o tempo de fazer o projeto do interior, encontrar quem fizesse camas, armário e mesas e comprar tanque de água, geladeira pequena, bancada de pia e colchões. Em poucos dias, conseguimos cama para dez adultos e duas crianças, duas mesas, sofá e poltrona para 16 passageiros. Instalamos uma cama de casal em cima do motor, com banheiro expandido ao lado, com cortina de correr, compunha o que se denominou de semi-suíte. Usamos o sobreteto da barraca de acampamento como toldo de uma varanda, ao lado da porta, onde seis pessoas poderiam se sentar nas cadeiras tiradas do bagageiro.

Busante estacionado na granja Pitumirim, Conde - PB.

Percorrer 2.800 km em três dias foi aventura pra ninguém botar defeito e condição para chegarmos a tempo de participar do jantar festivo às vésperas do dia do casório de Jaira, filha de Iveraldo e Iracema Lucena, grandes amigos que deixamos em João Pessoa. Fomos recebidos com palmas, abraços e muitas comemorações, próprias a quem fez algo de grande mérito. Depois desse feito histórico, rodamos mais uns milhares de quilômetros naquele adorável *motorhome* mambembe, no melhor estilo *Bye Bye Brasil*.

Faca de sapateiro

Tenho grande estima por uma faca de sapateiro que comprei em Brasília, quando moramos lá pela primeira vez. Feita com serra de cortar aço, sua lâmina é curtinha, em ângulo de 45 graus. A ponta é afiadíssima, própria para cortar couro de pouca espessura.

Para melhorar sua empunhadura, enrolei o cabo com uma tira do couro que ganhei do gerente do curtume que existia em Campina Grande, quando morei na Paraíba. O couro está meio ressecado e já gasto pelo uso. Foi dela que lancei mão quando comecei a cortar bambu. Era o que tinha de mais poderoso por perto para usar. Foi preciso afiar a lâmina para que pudesse trabalhar com mais facilidade e precisão. Mesmo que já não recorra a ela como antes, mantenho-a sempre afiada, de plantão.

Primeiras ferramentas pequenas.

Usar lâmina é algo perigoso e arriscado. Um simples golpe com a foice ou com a faquinha, dado sem controle, pode cortar em demasia, danificando a peça para sempre ou mesmo inviabilizando-a por completo. Tenho nas minhas contas que errar um golpe pode até causar alguma vergonha mansa.

Foicinha paraibana

A história da minha foicinha paraibana de estimação começou em 1976, quando morávamos em João Pessoa, na Paraíba, e está contada em crônica de 2010, pro jornal A Gazeta, sob o título *Velho Joaquim*:

> *Dava gosto vê-lo descascar coco. A foice amolada, batida com firmeza e precisão, tangenciando o coco, tirava pequenos nacos da casca verde. Depois de cada golpe certeiro, ele jogava o coco pra cima, fazendo com que girasse o suficiente para posicioná-lo na palma da mão esquerda para receber o próximo golpe.*
>
> *Seu Joaquim, como todos o tratavam, era um homem preto magro e esguio, rosto já marcado pelas rugas, palma da mão quase branca. O olhar era doce quando dirigido a quem chegasse na beira da barraca, atento quando estava no serviço da descasca, meio vago quando mirava*

o mar, onde estivera no duro trabalho da pesca por muito tempo. Ele já tinha mais do que setenta anos.

Com o avanço da idade, na falta das forças para mover o remo, resolveu vender coco na beira da praia. Servicinho mais maneiro e que garantia o sustento. Pioneiro, fixou ponto na sombra da castanheira antiga, defronte da avenida que chegava do centro da cidade. Lugar de passagem obrigatória, era o melhor ponto para o comércio de coco verde.

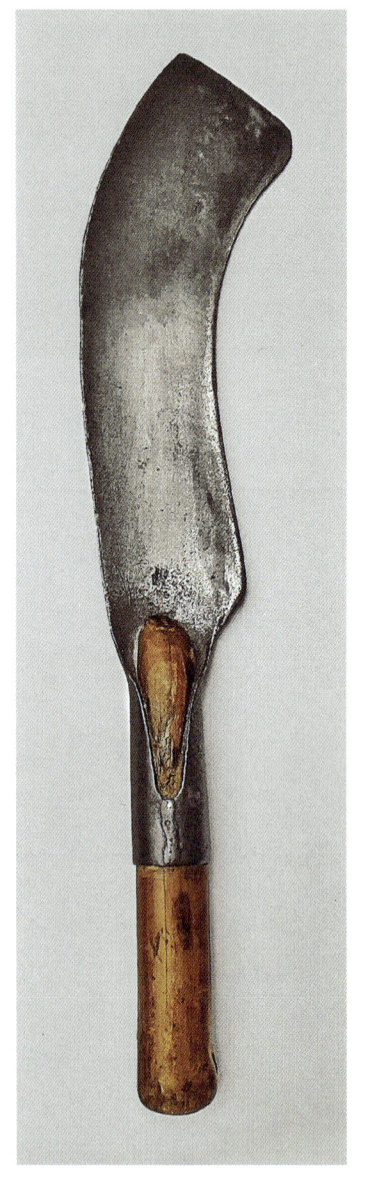

Foicinha de estimação.

A barraca era bem modesta, na verdade, uma espécie de balcão, feito de um caixote grande, com pés de madeira, duas prateleiras no interior e um tampo de compensado pregado na parte de cima. Quando feita, foi pintada de azul claro. A nódoa do coco já tinha escurecido o que ainda havia de tinta.

Seu Joaquim, como se estivesse num escritório, usava um banquinho já bem surrado, posicionado atrás do balcão. Os cachos de coco, trazidos em carroça puxada a burro, eram empilhados ao lado da barraca, para atrair a atenção da freguesia. Sobre o tampo, ele arrumava os cocos já descascados, deixando os menores por baixo.

Ensinava, para quem quisesse aprender, que tirava a parte verde da casca para que a água do coco ficasse mais fresquinha, por uma ação misteriosa do sol batendo na parte branca e úmida.

O movimento era pequeno nos dias de semana. Aos sábados e domingos melhorava bastante, se não chovesse. Seu Joaquim tinha fregueses fiéis. Vendia fiado e dava desconto para quantidades maiores. Homem de poucas palavras, ele servia, em pequenas doses, conversa sobre as condições do tempo e do mar. Raramente contava uma história.

Sempre gentil, cumprimentava como se fosse um mordomo inglês. Quando indagado, respondia com parcimônia e critério. Fazia pouquíssimas perguntas, tanto que jamais quis saber meu nome, minha profissão, de onde viera e o que fazia na cidade. Observador, ele sabia onde eu morava.

Ao perceber o meu interesse pela sua foicinha, ofereceu-se para comprar uma para mim, lá no Mercado Central. Contou que a lâmina era feita com aço de mola de caminhão e que era ferramenta ideal para o trabalho pesado nos canaviais, no trato dos coqueiros e onde mais fosse preciso cortar.

Ele fez serviço completo. Botou cabo de goiabeira, desbastou o aço bruto até que ficasse perfeitamente liso e amolou o fio até que cortasse os cabelinhos do braço, como me mostrou. Talvez por não acreditar na minha perícia, fez cara de preocupação ao me passar aquela preciosa peça de metal e madeira enrolada em jornal. Ao empunhá-la, constatei que se tratava de uma verdadeira arma. Ao testá-la num coco, vi que estava perfeitamente balanceada e tinha empunhadura perfeita, como deveria ser.

Agradeci com o melhor dos meus sorrisos, certo de que o tempo estaria a meu favor. Aos poucos, com determinação e paciência eu iria aprender a usá-la, com precisão e destreza, a serviço do bem.

Quem me conhece sabe que tenho grande estima por minha foicinha paraibana. O que poucos sabem é que eu a tenho como uma espécie de lâmpada de Aladim. É que, ainda hoje, passados quarenta e tantos anos, ao amolá-la na pedra de afiar, sempre me aparece a figura distinta e risonha do Seu Joaquim.

Pequenas adoráveis

Quando comecei, tive muita dificuldade em encontrar, por aqui, ferramentas básicas para trabalhos manuais, sobretudo facas de lâmina curta e, em particular, goivas. Não sei as razões, mas posso acreditar que nos idos do anos 1990, a cutelaria brasileira ainda estava engatinhando no quesito facas, utensílios para uso em atividades de produção artesanal.

Lembro-me de ter aproveitado uma das minhas idas a São Paulo, para consulta com meu cardiologista preferido, para tentar encontrar o que precisava. Bati, de ponta a ponta e ladeira abaixo, todas as lojas especializadas em máquinas e ferramentas da Rua Florêncio de Abreu. Como não encontrei goivas que não fossem aquelas japonesas para xilogravura, pra não perder a viagem acabei comprando uma caixa com formões ingleses, caríssimos, que pouco uso.

Não sei o que seria de mim sem as minhas faquinhas. Digo isso por reconhecer o mérito e a grande utilidade das que fui arranjando por aqui, comprando lá fora e ganhando de pessoas queridas. Uso o diminutivo por dois bons motivos: porque suas lâminas são pequenas e, sobretudo, porque tenho grande estima por elas. Não são sofisticadas nem raras. Algumas delas, como as que comprei numa feira em Estremoz, Portugal, são baratas. Com elas, aprendi que a cutelaria portuguesa é muito boa, embora ache que os cabos devessem ser feitos com madeira mais dura.

Posso dizer que a minha competência deu um grande avanço no dia em que encontrei uma caixa cheia de facas de lâmina pequena numa prateleira, nos fundos de uma loja de bric-à-brac, em Paris, em 1995. Eu nunca tinha visto nada parecido. Ao pegar uma delas, senti que estava com sorte naquele primeiro dia no Velho Mundo. Comprei quatro, cada qual com um tipo de lâmina, inclusive uma com lâmina curva e corte nos dois lados, a minha preferida até hoje. Voltei ao hotel para apanhar um pedaço de bambu e logo vi que eram perfeitas para cortar tiras fininhas.

Pode parecer bobagem, mas uma lâmina quase em contato com os dedos proporciona firmeza e precisão, impensáveis quando se trabalha com facas comuns. É aí que está o segredo delas. Além de potentes, elas podem ser levadas no bolso da camisa. Para isso, fiz bainhas com gomos de bitola bem justa. Achei por bem engrossar os cabos com tiras de couro, pra melhorar a pega.

Até encontrá-las, eu vinha usando facas velhas de cozinha, uma lâmina de cortar couro que herdei do sogro, uma velha faca de sapateiro e duas outras que fiz com pedaços de serra de fita, todas razoavelmente cortantes, porém de uso muito limitado pelo formato de suas lâminas e seus cabos.

Minhas faquinhas de lâmina curta e cabos de boa pega trazidas de muitos lugares de uso diário.

Daí em diante, passei a comprar, com total parcimônia e livre do consumismo desenfreado, uma ou outra que encontrava pela frente. Volta e meia Bebel, que adora lojas de materiais para trabalhos manuais, me traz uma de presente quando vai ao exterior.

Com isso, consegui juntar um pequeno estoque regulador, que me garante tranquilidade e segurança pra seguir, por uns bons anos, gastando lâminas nas pedras de amolar. Gosto de ter por perto as novas e, também, as já gastas pelo uso intenso. Faz tempo, descobri mais uma grande vantagem delas: a de poder entrar com elas nos aviões de carreira, sem muito alarde. As lâminas têm menos de 4 cm de comprimento.

Sem volta, para sempre

Minha vida de cronista do jornal *A Gazeta*, de Vitória, começou em maio de 2009 com um texto sobre um acontecimento muito relevante, intitulado *Perdi minha faquinha*:

> *Meus queridos amigos, tenho a lhes dizer que numa manhã de sábado perdi uma das minhas faquinhas preferidas, daquelas que uso para cortar bambu em busca de uma colher qualquer.*
>
> *Lâmina já gasta pelo uso e com empunhadura inteiramente familiar. Pelas minhas contas, ela estava em atividade diária há uns bons quatro anos, cortando, raspando, furando, lascando e alisando pequenos pedaços de madeira.*
>
> *Sem querer dramatizar nem impressionar ninguém, parece que perdi um dos dedos da mão direita. É que tenho grande afeição por minhas ferramentas, sobretudo por uma foice paraibana, uma goiva feita em Valadares e umas poucas faquinhas trazidas do estrangeiro. Não é muita coisa.*
>
> *Acho que a danada caiu do bolso da bermuda ao descer do carro para assistir, lá da encosta do Pesqueiro Grande, na Ilha do Frade, a largada da regata oceânica entre Vitória e São Francisco do Sul, em Santa Catarina.*
>
> *Logo que dei falta dela, voltei lá, na esperança de encontrá-la, mas só achei a bainha que fiz pra ela com gomo de bambu, no mesmo lugar onde estacionara o carro. Estava quebrada em quatro pedaços, talvez por um pneu desatento. Senti vontade de jogar aquela bermuda fora.*
>
> *De volta em casa, desolado, tirei da embalagem uma faquinha exatamente igual e tratei de cortar uma fita de couro de porco e aplicá-la no cabo,*

como se faz com as raquetes de tênis, para melhorar a pega e garantir firmeza. Em seguida, afiei a lâmina até sentir que cortava com boa facilidade.

Embora o serviço tenha ficado bom, o resultado final nem de longe ficou satisfatório. Por ser inteiramente nova, faltam as marcas do tempo e, sobretudo, do uso, o que faz lembrar de sapatos novos.

Pensei em colocar um anúncio na seção de "achados e perdidos" em um jornal local de boa circulação. Afinal, aquele espaço é próprio para ser usado por quem perdeu algo de valor pessoal: documentos, guarda-chuvas, relógios e coisas do gênero. É, também, lugar próprio para homens aflitos declararem o sumiço de cachorros, bicicletas e tudo o mais que faz criança chorar de tristeza.

Mas achei melhor não alardear o acontecido. O assunto poderia virar motivo de conversa fiada e isso só iria piorar as coisas.

Sendo assim, só me restou pedir ao anjo da guarda, por quem tenho enorme gratidão, que também se interessasse pela sorte daquela ferramenta que me ajudou durante tanto tempo a fazer o que gosto.

Até hoje torço para que minha faquinha esteja em mãos de homem cuidadoso e trabalhador, que faça bom uso dela e, sobretudo, que lhe dedique estima e consideração, como se deve fazer com todas as ferramentas. Se não for pedir muito, que seja alguém que goste de contemplar o mar, como o antigo dono dela. Fica o registro.

Goiva de estimação feita sob encomenda em Governador Valadares - MG.

No calçadão de Guarapari

Como sou um homem de sorte, ao passear no calçadão de Guarapari, num fim de tarde de verão, vi um artesão sentado no chão, entalhando uma dessas placas usadas nas porteiras de fazendas e nas entradas das casas. Ao seu lado, espalhadas na calçada, estavam muitas goivas, de tamanhos variados.

Movido por inveja braba, fui até lá para saber onde ele as conseguira. Ele respondeu que haviam sido feitas por um amigo, em Governador Valadares. Com cara amistosa, falou que, se eu quisesse, ele poderia trazer uma pra mim, no verão seguinte. Bastava que eu indicasse a minha preferida.

Um ano depois, passeando naquela mesma calçada, ouvi alguém chamando: "doutor, doutor!". Olhei pro lado e lá estava aquele homem com o maior dos sorrisos, satisfeito por me encontrar e dizendo "eu trouxe a goiva que o senhor encomendou". Vasculhando a bolsa, tirou de lá uma goiva exatamente do tamanho e desenho meio curvo, que eu tinha encomendado.

Quase não acreditei no que estava acontecendo. A excitação foi tamanha que, tendo pago o quanto devia àquele homem bom, correto e de palavra, não tive a delicadeza de anotar o seu nome e seu endereço para, um dia, poder retribuir aquela gentileza.

Chegando em casa, tratei de fazer imediatamente um bom cabo pra ela, com um pedaço de angelim-pedra. Pronta, ela assumiu a condição de objeto de estimação, uma das que sempre levo pra onde vou.

Assim como me lembro do velho Joaquim, ao afiar a minha foicinha paraibana, todas as vezes que eu amolo aquela goiva penso no homem que entalhava placas, que nunca mais vi.

De lâmina curva

Minha ignorância relativa às ferramentas foi sendo reduzida aos poucos, à medida em que tomava conhecimento do que existia por aí. Mas diminuiu bastante quando recebi duas preciosas goivas de lâmina curva, presentes de Peter Nickl, lá de Munique, uma pessoa muito importante na minha vida, como se verá mais adiante. Ele já tinha me presenteado com duas goivas e cinco facas japonesas, de altíssima qualidade, quando estive lá para expor as colheres.

Nunca tinha visto algo semelhante. Uma tem a lâmina longa, com corte nos dois lados, própria para planificar superfícies côncavas. A outra, com sua lâmina curva e ponta afiadíssimas, mais parecendo um gancho, é extremamente poderosa no serviço de cavar a parte interna da concha, a tarefa mais difícil de ser feita sem instrumento adequado. Elas oferecem ótimas condições para que se obtenham bons resultados, com rapidez e precisão.

Como se pode ver na internet, esse tipo de recurso tem prestado ótimos serviços aos meus colegas de ofício mundo afora. As goivas aparecem em suas fotos, em destaque, como uma espécie de varinha de condão que tudo resolve. Os algoritmos das redes já descobriram que gosto delas e, por conta disso, recebo muitas propagandas, com modelos variadíssimos. Aprecio, mas resisto bravamente.

Os formões são primos das goivas. Os de lâmina curva são como meio-irmãos delas. Eles devem ter sido criados para cumprir funções similares, como as de facilitar o trabalho de retirar pequenos pedaços de madeira para cavar uma superfície côncava. Operam sob pancadas de porrete ou com o esforço da mão para fazer com que sua lâmina entre na madeira e arranque cavacos sucessivos, de diferentes tamanhos.

Como suas meias-irmãs, os formões de lâmina curva são úteis para fazer buracos e desbastar o interior da concha. Bem afiados, são poderosíssimos. Os formões de lâmina plana têm pouca serventia pra mim. As foices, as facas e as goivas dão conta do recado.

Tento sempre respeitar as limitações de cada ferramenta e não exigir o que não possa oferecer, sob pena de danificar o que tenho e tanto preciso. Gosto de explorar ao máximo as potencialidades que guardam em segredo e que, descobertas, podem ampliar bastante a sua utilidade.

As facas, por exemplo, consistem de lâmina e cabo. A lâmina tem duas arestas, uma delas afiada, que corta e pode raspar; e outra, cega, que pode ser usada como raspador plano ou em curva, dependendo do seu desenho. A sua ponta permite trabalhar com precisão, raspar áreas mínimas e de difícil acesso, e cavar buracos.

O cabo, por sua vez, pode ser utilizado, com muito sucesso, para dar um polimento reluzente, ao se esfregar sua ponta ou sua borda nas superfícies, com força e movimentos controlados. Isso vai regularizando progressivamente a superfície, o que faz o brilho surgir a cada passada, até que tudo fique brilhando como se fosse envernizado. Esse é um segredo antigo que deixa de existir após essa leitura.

Três goivinhas austríacas

Uma das participantes da oficina que dei em Viena, na Áustria, no começo da primavera de 1998; uma professora muito gentil, usava com destreza pequenas goivas bem afiadas. Perguntada, ela disse que fazia flautas e que as comprara numa loja que ficava numa rua estreita, no centro da cidade.

Na semana seguinte, lá fomos com Tininha, nossa querida anfitriã, comprar goivas de boa qualidade. A loja era bem pequena. Um balcão com tampo de vidro deixava à mostra goivas de vários tamanhos e, sobretudo, alicates de unha, a especialidade da casa.

Primeiro, o cliente tinha que escolher a parte de aço e, em seguida, o cabo que lhe parecesse mais adequado. A montagem era feita pelo dono da loja, um senhor muito sério, com jeito de quem acabara de chegar da guerra.

Notei que ele observava com curiosidade enquanto eu fazia as minhas escolhas. Ao lhe entregar o que eu selecionara, ele disse pra Tininha que me daria a amolação das três goivas como cortesia. O filho dele, que estava ao lado, fez cara de incrédulo. Pedi que dissesse a ele que eu agradecia muito a gentileza e que gostaria de vê-lo fazer o serviço.

A expressão de alegria estampada naquele rosto cheio de marcas do tempo era a prova da autorização. Acho que ele tinha percebido que eu valorizaria sua competência e habilidade em afiar uma lâmina.

Tininha acompanha o serviço de amolação das três goivinhas feito pelo dono da loja.

A oficina era mínima e entulhada de tudo o que se possa imaginar. O esmeril, uma enorme pedra circular, colocada na vertical, girava lentamente com a ajuda de um pequeno motor elétrico. Uma torneira, posicionada no ponto onde o velho firmava a goiva contra a pedra, deixava cair pingos de água sobre a peça que estivesse sendo afiada.

Ali foi surgindo, ao longo dos muitos anos, uma espécie de montanha construída com o material que se desprendia da pedra e do aço pressionados um contra o outro. Um testemunho do trabalho paciente daquele homem. Ele parecia feliz e inteiramente orgulhoso em mostrar, para um desconhecido, o serviço rotineiro que fazia há dezenas de anos, sempre sozinho, naquele lugar tão pequeno.

Com o tempo, confirmei que o reconhecimento verdadeiro que se recebe de alguém faz o coração da gente bater mais apressado. Nosso encontro, sem palavras ditas, me emocionou muito, a ponto de me fazer lembrar daquele senhor sempre que uso uma das minhas potentes goivinhas austríacas, mais de 25 anos depois.

Pedras de amolar

Pedras de amolar exercem uma certa pressão sobre a minha capacidade de consumir pouco. A primeira que usei foi uma dessas comuns, próprias para afiar as facas da cozinha. Ela tem duas camadas de abrasivos e já está bem gasta. Hoje, tenho umas oito delas, diferentes, quase todas compradas em viagens.

Em Frankfurt, comprei uma pedrinha diamantada, a mais poderosa e a mais cara de todas, que eu uso pouquíssimo, com receio de desgastar demais as minhas facas pequenas. Na Flórida, comprei uma pedra fabricada no Arkansas; por ser uma rocha que contém dois materiais de dureza diferente, tanto desbasta o aço como faz o acabamento do fio de corte. Uma outra, de granulometria finíssima, comprada em Paris, é a que utilizo quando estou querendo uma lâmina afiada para fazer cortes precisos.

A danação é que a minha pedrinha favorita praticamente acabou. Eu a comprei em Viena, há uns 20 anos. A parte de abrasivo mais fino já não existe, foi toda gasta na afiação das minhas facas, sem que precisasse estar coberta de água. Pequena, de uns 10 x 5 cm, funcionava muito bem com algumas poucas gotas. Nos últimos tempos, procurei economizá-la ao máximo, enquanto tentava obter resultados satisfatórios com as outras, o que ainda não aconteceu. Sem coragem de descartá-la, pelo tanto que me foi útil, permanece em lugar de destaque na bancada, junto das demais, todas seminovas.

Na cozinha, mantenho à vista uma tosca que ganhei de aniversário dos 70 anos, feita de pedra sabão de Minas Gerais. Foi meu amigo e xará, Alvaro Garcia, que a trouxe da região de Ouro Preto.

Como o serviço de amolar exige água para funcionar, mantenho cheia uma garrafa de cerveja alemã, dessas com tampa de pressão. De tempos em tempos, gosto de dar uma geral nas ferramentas e vou pra área de serviço levando pedras, faquinhas, goivas e foice. Aproveito pra amolar todas as facas que estão em uso na cozinha.

Uma verdade que venho comprovando é a de que cozinheira não amola faca de cozinha. Em nossa casa, essa tarefa é minha atribuição com alguma competência, por falta de outro que a assuma por interesse e risco. E olha que convivi com muitas cozinheiras. Algumas deixaram saudades, com destaque para a querida Júlia, uma senhora cozinheira que ajudou a criar nossos três primeiros filhos e sempre me convidava pra tomar uma cachacinha e comer uma corda de caranguejo.

Pedras de raio e pedras de amolar.

Pedras de raio

Em 1985, estive na República Dominicana por uns dez dias, dando consultoria para o governo, na área de ciência e tecnologia. Num fim de semana, me levaram pra conhecer uma feira popular muito animada, dessas onde se pode comprar de um tudo. Saí de lá com duas daquelas camisas brancas de bolsos na cintura e umas tantas pedras de raio, que me encantaram pelo mistério que expressam sobre a sua origem; segundo o vendedor, são criadas pelo calor de raios que atingem a Terra.

Algumas das que eu trouxe parecem gotas, como se tivessem pingado ou escoado pra dentro da areia, e são muito boas de pegar nas mãos.

A maior delas, que mantenho sobre a bancada, se mostrou de grande utilidade para fazer o fio das faquinhas depois de amoladas. Elas são duríssimas e suas superfícies arredondadas possibilitam áreas de contato bem reduzidas com a lâmina. Elas são lisas e quase não desgastam o aço.

No Acre, elas são tratadas como "pedras de corisco", provavelmente por conta de o Estado ter sido ocupado por nordestinos durante o Ciclo da Borracha. As minhas ficam à mostra na tigela sobre a mesinha de centro da sala, junto às demais Pedrinhas do Vovô.

Desbastar progressivamente

Quando comecei a fazer colher, lancei mão das minhas duas grosas para desbastar a madeira até chegar à forma básica. Elas são feitas de uma barra comprida de aço, com um lado arredondado, todo coberto com dezenas de elevações pontiagudas.

Essas pontas arrancam, com facilidade, pedaços da madeira, possibilitando desbastar o que for necessário. Não demorei para constatar que seu uso no bambu pode produzir estragos irremediáveis, ao arrancar pedaços inteiros de fibras, sobretudo as que estejam nas quinas.

Parei de usá-las e passei a fazer o serviço pesado com lixas número 50 ou 80, grossas, que proporcionam avanço controlado do desbaste. Diferentemente das lâminas, as lixas são ferramentas de baixíssimo risco para as mãos e para a peça que está sendo elaborada. Elas podem substituir as lâminas com bons resultados.

Também experimentei o uso de pedras abrasivas na furadeira elétrica, mas logo vi que elas só funcionam bem para desgastar metal. Até hoje, guardo algumas daquelas pedras, feitas com um mineral rosa super-resistente.

A decisão de trabalhar somente com ferramentas acionadas pela força e a habilidade das minhas mãos, deu-se quando devolvi a lixadeira elétrica que Ennio Candotti, professor, marceneiro amador e grande amigo, trouxe pra eu experimentar. Potente, pesadíssima e muito barulhenta, aquela máquina devia ser boa para serviços mais brutos, que demandam muito esforço para serem feitos manualmente. Com toda a certeza desse mundo, ela não se prestava para ajudar um recém-infartado a fazer colheres na fresca da varanda, pensando na vida, querendo distração. A escolha se estabeleceu como definitiva e nunca me arrependi dela.

Lixas tubulares

Pretendendo facilidade e eficiência durante o início do processo de fazer uma peça, colei uma lixa bem grossa na superfície da bancada para facilitar o serviço de desbaste inicial. Ficou muito boa para trabalhar superfícies planas e convexas.

O passo seguinte foi apoiar uma lixa sobre superfícies arredondadas e cilíndricas. Com isso, passei a conseguir desbastar a parte interna do gomo, a aprimorar as superfícies côncavas e, também, aquelas do encontro da concha com o cabo, sempre complicadas de fazer.

Deu tão certo que experimentei enrolar a lixa num pedaço de cabo de vassoura: obtive mais firmeza e pude realizar, com precisão, segurança e muita facilidade, diferentes tipos de lixamento, a começar o serviço pelos desbastes iniciais, visando uma forma preliminar. Ponto para o colhereiro!

Um grande avanço aconteceu quando experimentei usar lixa fininha, enrolada junto com uma placa de borracha flexível do mesmo tamanho, para fazer desbastes mais sutis e localizados com vistas a completar o acabamento das peças. Os resultados foram sensacionais para quem estava à procura de eficiência, qualidade e domínio de processo. Mais um ponto pra ele.

Aproveitei o pedaço da borracha que eu tinha usado na sola das sandálias que fazia em Brasília em meados dos anos 1980. Era como se ele tivesse ficado 20 anos no meu armário à espera de um uso especial. Para manter o tubo enrolado, tratei de amarrá-lo com cordão de rede trazido da Paraíba, o que deu um toque de consistência.

Lixas tubulares prontas para o uso e algumas já aposentadas.

Com isso, foi criado um recurso de produção verdadeiramente poderoso e muito fácil de ser feito: uma lixa cilíndrica, de diâmetro variável, leve e flexível, que permite que se troque, em segundos, a granulometria em uso. Basta desatar um nó, desenrolar o tubo, substituir a lixa, enrolar o tubo novamente, dar duas voltas em torno dele com o cordão e dar um nó qualquer.

Quando várias lixas são enroladas juntas, a rigidez do tubo aumenta, permitindo aumentar a pressão sobre a madeira quando conveniente. Como a superfície de contato fica reduzida a quase uma linha tangencial, torna-se possível desbastar áreas restritas e localizadas.

Com tubos de diâmetros maiores e mais flexíveis, a área de contato com a madeira aumenta quando a lixa é pressionada. Isso melhora a homogeneidade dos desbastes ao longo da superfície que está sendo lixada e proporciona uma melhora significativa no processo de lixamento.

O serviço de desbastar o bambu com precisão foi mesmo muito facilitado pelas lixas tubulares. Com elas, foi possível dominar os processos de retificação de quinas, bordas e superfícies planas e arredondadas, que é tudo o que um bom acabamento tem que apresentar, obrigatoriamente. Brilho é apenas uma das opções.

As operações de desbaste, até então feitas com foices e faquinhas, passaram a poder ser executadas também com o uso alternado de lixas de rugosidade maior e menor. Na fase de acabamento, adotei tubos com lixas superfinas para complementar a contribuição dos cacos de vidro.

Os resultados foram expressivos, tanto no rendimento do trabalho, como na precisão das quinas e superfícies. Sendo cilíndrica, garante pega perfeita e o seu comprimento proporciona boa condição para fazer movimentos longos, indispensáveis em muitos casos.

Para melhor avaliar a potência das lixas tubulares, basta imaginar a dificuldade de fazer superfícies arredondadas com uma folha de lixa solta ou apoiada sobre algo rígido e na facilidade em trocar de lixa para avançar no serviço.

Para facilitar a vida, tratei de montar várias delas, cada qual formada de uma lixa diferente, para deixá-las ao alcance das mãos. Assim, não é mais necessário ficar trocando as lixas em função das necessidades ao longo do trabalho. Quando o trecho da lixa que está em uso já perdeu eficiência, basta posicionar a parte que estava escondida dentro do rolo em seu lugar. Isso é feito rapidamente, abrindo e fechando o rolo.

Como se tudo isso não bastasse, essa traquitana possibilita levar muitas folhas de lixa, intactas, nas viagens. Enroladas, as lixas não amassam e duram muito mais. Gosto de pensar que sou o inventor das lixas tubulares, embora seja mais do que razoável imaginar que muita gente possa ter tido a mesma ideia e sentido as mesmas emoções.

Os tubos de lixas são objetos muito atraentes, daqueles que dão vontade de pegar nas mãos e experimentar. Expressam simplicidade, potência e utilidade, e podem inspirar o trabalho manual. Tanto é assim que elas atraem as mãozinhas de meus netos. Sempre que um deles vem brincar de fazer colher, a primeira coisa que faz é pegar o tubo de lixa que estiver mais próximo. Volta e meia, um deles usa um pra brincar de pirata observando o navio carregado de ouro, que navega em alto mar. Todos eles sabem que não podem mexer nas foices e nas faquinhas do vovô.

Lixas gastas

Quando fomos conhecer a nova unidade da Galeria OÁ, da nossa querida Thais Hilal, vi placas de madeira cobertas com composições feitas com lixas nas cores vermelha, bege, cinza e preta. Elas tinham sido criadas por Fredone, um artista muito talentoso.

Imediatamente, me vieram à lembrança as dezenas de lixas usadas, inteiras e em pedaços, que venho guardando nesses anos todos. Sem saber as razões e as intenções dessa espécie de mania mansa, nunca joguei fora nenhuma delas. Quando constato que alguma já deu o que tinha que dar, guardo-a na sacola onde estão todas as outras. Ao espalhá-las sobre a bancada, vi que aquelas folhas gastas e desbotadas também traziam, no pó de bambu impregnado nelas, as marcas dos anos da minha diversão.

Para contar com luz natural, levei todas, inteiras e em pedaços, para a varanda. O que era uma simples pilha de lixas foi se transformando em uma superfície colorida bonita, inusitada e inspiradora. Chamei Carol pra ver o que tinha acabado de descobrir e ela reagiu com seu tradicional "que maravilha!".

De comum acordo, resolvemos abrir uma frente nova de entretenimento: produzir fotografias de composições formadas por lixas usadas. Pretendendo obter imagens de alta resolução, decidimos trocar o celular dela, já cansado, por um dotado de quatro lentes poderosas.

Lixando no muro da praça e na "calçada" em cima da bancada.

Nas calçadas de Cachoeiro

Ainda bem moleque, eu aprendi com os mais velhos a usar calçada de cimento pra fazer botão de futebol de mesa com casca de coco. Era a única lixa capaz de desbastar um material tão duro como aquele. Bastava escolher uma que fosse pouco caracachenta e, de preferência, na sombra.

Primeiro, a gente quebrava um pedaço de casca grossa, usando alicate e martelo, até que ficasse quase arredondada. Em seguida, era a vez de acabar com as quinas, até que ficasse redondo. Isso era feito friccionando a casca contra a calçada, com movimentos longos e pendulares do braço e, de modo sincronizado, girando a mão.

O pedaço de casca de coco era segurado com a ponta dos dedos médio e indicador, pressionando a parte côncava e a do polegar apertando a convexa, em sentido contrário. Sempre conferindo onde havia calombos pra tirar, até não ter mais o que raspar. Resolvido o desenho do círculo, era hora de regularizar a parte de baixo do botão e de raspar a parte superior, até obter uma espécie de calota.

Feito tudo isso, era a vez de fazer a bainha do botão. Ela ia surgindo aos poucos, sendo necessário manter sempre a mesma angulação de ataque em relação à calçada. O processo era o mesmo: raspar, identificar imperfeições e, se necessário, raspar mais um pouco.

O refino do resultado era feito com caco de vidro recém-quebrado. É bom lembrar que a perfeição da circunferência e a da inclinação da bainha eram conseguidas no "olhômetro", sem ajuda de qualquer gabarito ou instrumento de medida. Ainda assim, posso afirmar, os botões ficavam perfeitos.

Sempre com movimentos longos, com o botão em ângulo, quase na horizontal, o serviço de desbaste era relativamente fácil de fazer. Com a superfície livre de ondulações, a finalização também era feita com caco de vidro.

O polimento era alcançado esfregando-se com força o polegar cheio de pó de louça, que era obtido raspando-se um pedaço de prato ou de xícara na calçada. Se o capricho fosse grande, o brilho se instalava na superfície perfeita e reforçava a fama do fazedor de botão. Depois de escrever sobre isso, fiz dois botões de casca de coco e revivi uma época já bem remota.

Muro da pracinha e calçada portátil

Durante muito tempo, a minha "calçada" foi a superfície do muro de tijolos de concreto que existe na pracinha perto da Praia Grande, por onde passo, na ida e na volta, quando vou caminhar na areia. Sempre levo um pedaço de bambu já desbastado e uma faquinha pra seguir cortando. É num de seus tijolos que arredondo a concha ou retifico a ponta do cabo.

Com o passar dos anos, o muro foi ganhando, sobre o cinza claro do cimento das lajotas, muitos traços amarelados dos pedaços de madeira incrustados no concreto. Eram marcas da passagem do tempo, registros das minhas investidas diárias. Sem querer, eu estava fazendo aquele muro ficar expressivo por uma boa razão. Dava até um certo orgulho ver de longe aquela faixa colorida, de uns bons 20 metros, de fora a fora.

Essa felicidade durou muitos anos, até que o proprietário do muro mandou lavá-lo com jato de água de alta pressão, apagando um simpático testemunho da história. Teimoso, recomecei a registrá-la, agora em ritmo mais lento e competindo com os grafiteiros.

Quando vieram refazer o sinteco do assoalho da nossa casa, fiquei de olho nas lixas compridas que são usadas nas raspadeiras elétricas e resolvi pedir uma de presente. O rapaz achou graça naquele pedido e me deu duas delas, já gastas, no ponto de serem usadas no meu serviço.

Ao serem colocadas sobre a bancada, elas fizeram surgir, como que por mágica, um recurso poderoso colocado à minha inteira disposição, uma espécie de calçada dotada de duas granulometrias diferentes. Isso sem falar na vantagem de poder trabalhar comodamente, sem precisar dobrar a coluna ou me sentar no chão.

Melhor ainda foi constatar que eu poderia instalar a minha calçada na mesa da varanda, um ótimo lugar para os serviços pesados em tempos mais quentes. Tudo isso, além de trazer de volta ótimas lembranças da infância.

Abrasivos sobre espumas

Em Viena, entrei numa loja de utensílios e materiais para trabalho com madeira, aço, plásticos e tudo o mais. Foi no setor das lixas que conheci uma grande inovação: material abrasivo aplicado sobre placas de espumas flexíveis, de diferentes espessuras, durezas e tamanhos. Fiquei um bom tempo diante de muitas delas, empilhadas, inteiramente acessíveis ao tato e ao aperto com os dedos.

Ao experimentá-las, constatei que, além de eficientes, proporcionam ótimas condições de uso, moldando-se na palma da mão espalmada ou em concha. Um achado espetacular para quem trabalha com recursos básicos. Comprei uma boa quantidade das bem finas.

Usadas com parcimônia, elas duraram muitos e muitos anos. A última delas, a mais fina de todas, "está pela bola 7", quase totalmente consumida pelo uso. No canto da bancada, espera para ser usada na finalização das colheres que merecem tamanha honraria.

Por serem leves e baratas, ou por mania, sempre compro lixas quando viajo. Gosto de trazê-las de longe, por onde passei um dia. Como o consumo é modesto, tenho sempre um bom estoque delas, prontas para entrarem em ação.

As lixas sensacionais que Pierre-François Huet, meu colega de ofício que vive em Lyon, na França, me mandou de presente chegaram aqui trazidas por Bebel.

São lixas d'água finíssimas, que eu nunca pensei existirem. A granulometria da mais refinada é de 12.000, mais parece um veludo. O suporte é de silicone macio, que permite que os grãos maiores, que entram em contato com o que está sendo lixado, afundem o tanto que for necessário para ficarem no mesmo nível dos demais. Assim, eles não produzem riscos na superfície. Para experimentá-las, resolvi dar uma lixada de leve, com muita água, na pintura do meu Citroen. O carro ficou brilhando novamente, nove anos depois de ter saído da concessionária.

Caixinha de ferramentas

Caixa de ferramentas de Manu.

Por mais de 20 anos, atuei nas áreas de educação superior e de promoção do desenvolvimento científico e tecnológico local. Trabalhei com convicção, acreditando na oportunidade de qualificar as pessoas, estimular a inovação, criar empresas fornecedoras de produtos e serviços densos em conhecimentos técnico-científicos.

Quando recebi, da Prefeitura de Vitória, homenagem pelos serviços prestados à cidade, sugeri ao Prefeito que enviasse à Câmara dos Vereadores um projeto de lei que obrigasse os pais a dar uma caixinha de ferramentas de presente de aniversário aos seus filhos, ao completarem sete anos de idade. Reforcei dizendo que elas estimulariam a vontade de fazer com as próprias mãos, e servir como diversão alternativa à TV e aos joguinhos eletrônicos.

Nessa linha, tratei de montar uma delas para Manu, minha neta mais velha, levar na mudança pra São Paulo. Lá, ela não teria avô por perto e muito menos um armário cheio de recursos e bagulhos potencialmente utilizáveis. É que ela, desde pequena, sempre demonstrou grande habilidade com as mãos, farta capacidade criativa e espírito de "gente que faz".

Separei um alicate normal e um de ponta fina, uma chave de fenda média e outra pequena, um martelo e uma das minhas facas de lâmina curta. Depois, enrolei, em um pedaço de bambu, uns 15 tipos diferentes de fitas, cordões, barbantes e metros de arames fininhos. Separei pregos de diferentes tamanhos, tachinhas e parafusos variados, além de fitas adesivas de várias cores, um tijolinho de cortiça e tudo o mais que coubesse na tal caixa que arranjei.

Os olhinhos dela brilharam quando recebeu o presente.

Assim é que se faz

Numa viagem ao interior de Goiás, fiquei impressionado com o trabalho feito numa pequena fábrica de móveis de Pirenópolis. Coisa boa de se ver com olhos de turista e de artesão. Passei um bom tempo observando dois marceneiros fazendo um banco de design sofisticado e premiado, com madeiras belíssimas.

O gerente me disse que usavam uma sequência de sete lixas até chegar no acabamento. Começavam com as mais grossas, para desbastar, passando pelas médias, para retificar progressivamente as superfícies, e, por fim, usavam as mais finas para terminar. Era o mesmo conceito adotado nos processos de beneficiamento de mármores e granitos, realizados com abrasivos poderosos, alguns deles diamantados.

Guardo na memória a imagem do casco emborcado do Tam Tam, barco da categoria snipe, do meu amigo Jorge Ramos, de quem fui proeiro oficial, a quem cabe controlar a vela de proa, movimentar a patilha e cuidar do equilíbrio da embarcação. Tudo isso para que o comandante possa exercer sua nobre função de cuidar do rumo e dar instruções.

De tempos em tempos, a gente passava lixa d'água 400 no casco, para deixá-lo lisinho como "bunda de anjo". Era pra que deslizasse melhor durante regatas disputadíssimas contra Morris Brown, Jacaré e Charles Bitran, saudosos velejadores da flotilha do Iate Clube do Espírito Santo, na década de 1960. Guardo fotografias em que apareço recebendo um troféu, com cara de rapaz esperto. A camaradagem e a gozação eram tônicas desse grupo de iatistas.

Cacos afiadíssimos e porretes poderosos

Aqui em casa, quebrar copo não é considerado um problema nem produz constrangimentos para aqueles que os quebrem. Na verdade, por saberem que sou um usuário convicto de cacos de vidro, acho que eles até se sentem meus colaboradores. É que os pedaços, depois de lavados, são deixados na bancada para que eu possa incorporá-los ao estoque, que mantenho sob controle e boa organização.

Os cacos ficam dentro de caixas, separados por tipo, cada qual próprio para serviços específicos: os curvos e abaulados, para raspar o fundo das conchas; os planos e retos, para superfícies planas e quinas; os quebrados em curvas côncavas, para aprimorar superfícies arredondadas.

Não digo que rezo para que quebrem taças de cristal, em casa ou nas de amigos, mas que seus cacos cortam melhor e duram mais, isso posso garantir. Já os dos copos de um vidro fino, que compramos recentemente, decepcionaram. Custou a quebrar o primeiro, mas pude constatar que cortam pior do que vidro de garrafa de cerveja.

Vidros planos eu consigo com facilidade em moldurarias, onde sempre me são entregues com sorrisos discretos, como se me achassem meio doidinho.

Tenho grande estima por um conjunto de pequenos porretes feitos de ipê, que uso sempre que preciso golpear a foice ou a goiva para cortar um pedaço de bambu avançar na definição do shape da peça. Eles, ao lado de dois tocos para apoio, são verdadeiras testemunhas da quantidade de pancada que já dei com eles.

Cacos de vidro, tocos de apoio e porretes desgastados.

Mais uma foice poderosa

Em dezembro de 2018, voltei mais uma vez à Paraíba para prestar homenagem a um grande homem público. Aproveitei para tentar, novamente, convencer o dono de uma outra foice, também artesanal, a vendê-la pra mim. De volta pra casa, escrevi esta crônica narrando o acontecido:

> *Em junho, quando estive na Paraíba, me deparei com uma foice com um formato que eu não conhecia. Ela estava sendo usada por Nelson, patriarca do assentamento de Tambaba, no caminho da praia dos pelados, no município de Conde. Ele disse que pagou 20 reais por ela, na véspera.*
>
> *Demonstrei interesse e pedi que botasse preço, mas ele se fez de rogado, dizendo que eu poderia encontrar uma igual lá pelas bandas de Goiana, na estrada de Recife.*
>
> *Bem que procurei, num passeio que fizemos por aquela região, mas continuei de mãos vazias e com ela na cabeça.*
>
> *Na semana passada, voltei à Paraíba para a inauguração do busto do professor Lynaldo Cavalcanti, com quem trabalhei por 13 anos no MEC, na UFPB e no CNPq, e com quem muito aprendi o ofício de homem público.*

Dentre as centenas de feitos relevantes de Lynaldo, está a criação, em 1978, do curso de desenho industrial no campus de Campina Grande. Ele dizia que era para enriquecer e complementar o ambiente universitário concentrado nas engenharias.

Pois o que aquela tal foicinha tinha de especial era o seu design, projetado, certamente, por alguém que entendia do ofício de cortar madeira. Sua lâmina, quase quadrada, é presa ao suporte do cabo em ângulo de uns 30 graus, o que reduz a obrigação de levantar o cotovelo para dar golpes certeiros.

Foicinha super ergonômica.

Lynaldo, que usava muito mais a intuição do que as próprias mãos, iria apreciar aquela ferramenta poderosa e ergonômica, feita artesanalmente com aço de mola de caminhão.

Desta vez, só depois de muita conversa fiada e arrodeios, do poder de compra de uma nota de 100 reais e, sobretudo, de contar com a capacidade de negociação de meu amigo Iveraldo Lucena, foi que consegui trazer pra Vitória a bendita foice de seu Nelson.

Além de ter feito um bom negócio, aquele homem, atarracado e de olhar esperto, ganhou também a história sobre um homem barbudo fascinado por foices, pra ser contada na fresca da varanda da sua casa.

Pois foi com a tal foice de Seu Nelson, exclusivamente com ela, que consegui esculpir, do começo ao fim, as colheres que resolvi fazer pra Márcia, Ricardo, Jaira e Raquel, filhos de Iveraldo e Iracema Lucena.

Foi a maneira que encontrei para enfrentar a tristeza que me veio pela morte daquele amigo de tantas décadas. Trabalhei nelas sem qualquer pressa, sempre com os pensamentos na mulher

Depois de muita negociação, negócio fechado. A foice vai para Vitória na mala.

e nos filhos, agora sem ele. Enviei as colheres para a cidade de Conde, onde vive a família inteira, cada qual na casa que construiu na chácara Pitumirim, de saudosas lembranças, povoadas de muita comida boa, cachaça Rainha e muita conversa.

Com elas, foram também todas as lascas e raspas que fui tirando do bambu de onde saíram. Pedi que usassem aquelas sobras para acender uma pequena fogueira, uma das paixões daquele homem tão especial que tinha acabado de nos deixar. Sabia que ele iria gostar dessa homenagem.

Herbei, herbei,
was Löffel sei...
Gift
Sammlung
Hermann Jünger
Wilhelm Wagenfe
3. März bis
30. Juni 2002
Di 15–21 Uhr
Mi–So 10–18 Uh
Am Wall 209
28195 Bremen
Karin und Uwe Hollweg Stiftung
KulturStiftung
der Deutschen Bank
Bremer Anzeiger
WILKENS
Wilhelm Wagenfeld | Stiftung

CAPÍTULO 5

COLHERES

É bem provável que não exista uma única pessoa na face da Terra que ainda não tenha tido contato direto com uma colher. Posso imaginar que ela esteja presente mesmo nos grupos humanos ainda não contatados, tenha a forma que tiver, seja qual for o material usado para fazê-la. Dá para imaginar que, por nossas bandas, alguém passe um dia inteiro sem usar uma delas?

Conversei sobre isso com um respeitado professor de design de joias, dono de uma maravilhosa coleção de colheres de todos os tipos, épocas e lugares, que conheci durante um evento em Munique.

Ele me disse que a colher é um dos primeiros objetos com que os humanos têm contato na vida. Todos somos apresentados a uma delas ainda na tenra idade, quando levam alimentos à nossa boca. Talvez por isso seja relativamente comum encontrar quem tenha uma espécie de atração especial por elas.

Segundo Giulia

Com a internet, o mundo ficou pequeno. Prova disso foi a mensagem que recebi da minha irmã Beatriz, repassando o endereço de Giulia Uebe, filha de uma conhecida dela, interessada em me entrevistar.

Ela começou a fazer o TCC para completar o curso de Artes Visuais na Universidade Federal de Rio Grande. Esteve aqui em casa, conversamos muito e, na volta, foi levando a promessa de ganhar uma comprida. Fiz uma logo em seguida, que mantenho sobre a minha bancada, à espera de alguém que venha buscá-la.

Em 2020, recebi o link do seu trabalho, intitulado *Colhendo colheres: o resgate das relações interpessoais através da comida na arte relacional*, de leitura muito agradável, do qual trago aqui uns poucos trechos:

> *A palavra colher tem origem remota na palavra Kokhlías, do grego, que significa concha do caracol, provavelmente por ter sido usada como um dos primeiros utensílios para comer algo líquido. (...)*
>
> *Ela aparece em vários momentos de nossa vida, principalmente nos de fragilidade. Quando pequenos, nossos pais ou responsáveis nos alimentam com ela. Quando enfermos ou idosos voltamos ao conforto da colher. Vejo-a como símbolo de afetividade, de carinho e cuidado. As comidas que são consumidas com colher são, na sua maioria, as de conforto, como caldos, sopas e doces. (...)*
>
> *Há muitas tradições relacionadas às de prata. Algumas pessoas acreditam que, para seguir os padrões de boas maneiras, deve-se oferecer como presente uma colher feita com prata com o nome do bebê recém-nascido gravado nela. Há quem diga que a primeira refeição de um bebê deve ser dada com uma colher de prata para garantir que ele sempre tenha bom apetite e cresça com saúde. Colocar uma colher de prata junto, com uma moeda, no banho, é uma forma de pedir riqueza para a criança. (...)*

Colher se mostra como um objeto afetivo, como uma espécie de lugar de memória.

Ditados populares

Colher é algo muito presente na vida de todos nós, mas são raros os ditados populares em que ela está presente. Além dos menos usados "a colher é que sabe a quentura da panela" e "quem tem tempo, faz colher e borda o cabo", só me lembro do antigo "em briga de marido e mulher, ninguém mete a colher".

Pode ser que exista algum que mencione uma delas na função de mexer o doce de goiaba, fazendo lembrar lugares da infância.

Nas andanças pela Europa, notei que os alemães guardam uma relação muito especial com as colheres, e que usam muitas expressões e ditos populares que evidenciam isso. Minha querida Heidi Liebermann, pintora alemã animadíssima, me falou de uma delas, de uso corrente: "Fulano passou a colher pra Sicrano", como os atletas fazem com o bastão nas corridas de revezamento. Passar a colher quer dizer que Fulano já tinha feito o que tinha pra fazer e que dali pra frente era a vez de Sicrano tocar o barco. De pai para filho, de sócio para sócio, de vendedor pra comprador. Em outras palavras: a bola, agora, está com o outro.

É isso mesmo

Elas são objetos funcionais, utilitários por natureza, extensão das nossas mãos. Nessa condição, elas devem ser dotadas de aparências e características exigidas por cada tipo de uso a que se destinem. Quando usada para tomar sopa, por exemplo, ela deve facilitar o movimento de ser levada à boca, nela entrar sem hesitação e deixar escorrer o conteúdo sem qualquer dificuldade. Pode parecer óbvio, mas nem todas as colheres que usamos atendem a esses requisitos mínimos.

A concha, parte principal de uma colher, deve ser adequada a cada função, enquanto o cabo deve apresentar boas condições de pega, com conforto e firmeza, seja com as pontas dos dedos, seja com a mão inteira.

Resolvidas as exigências relacionadas com funcionalidade, ergonomia, eficiência e demais fatores afins ao uso, o ideal é que as colheres, além de úteis, resistentes e funcionais, sejam peças elegantes, bonitas, charmosas, delicadas e tudo mais.

Dentre os talheres, a colher é, normalmente, a peça mais simpática e gentil, talvez por suas formas arredondadas e por não ter pontas. Basta compará-las com seus companheiros inseparáveis nas atividades de preparar, servir e ingerir alimentos, as facas e os garfos, que são agressivos e podem até ser perigosos.

Infinitas possibilidades

De variados tipos, desenhos e tamanhos, são peças utilitárias, embora também possam cumprir funções decorativas. As mais comuns são as arredondadas, embora existam algumas fora do usual, até mesmo esquisitas.

Esquematicamente, pode-se dizer que uma colher é composta por uma concha, um cabo e uma ligação entre eles. Ela resulta da conjugação dessas três partes independentes que se ligam e se complementam, cada qual podendo assumir as mais diferentes formas, desde que compatíveis com as das outras duas, de modo a comporem um objeto harmonioso e adequado ao uso.

O desenho do cabo influencia o da concha e vice-versa. O elemento de ligação deve, obrigatoriamente, garantir condições adequadas de concordância e funcionalidade entre as duas partes. O desenho do cabo é elemento-chave para proporcionar estilo e funcionalidade à colher.

Olhando uma colher com atenção, pode-se observar que ela é formada por superfícies planas, côncavas e convexas, com suas extremidades definidas por quinas, bordas e topos, com linhas retas e curvas estabelecendo os limites das larguras, espessuras e comprimentos.

A concha

A concha pode ter formas das mais diferentes e até curiosas. Vistas de cima, elas podem ser arredondadas, ovais, pontudas ou bojudas, retangulares, quadradas, triangulares, largas e estreitas, curtas ou compridas, e toda sorte de conjugação desses desenhos. Isso sem falar nas que são assimétricas.

A concha pode ter as formas mais variadas e adequadas aos diferentes usos da colher.

Olhadas de perfil, as conchas podem ser cilíndricas, fundas e rasas, e também planas, quando passam à condição de espátulas. Algumas delas apresentam altura constante ou angulação, normalmente afinando em direção à ponta. Do mesmo modo, a concha pode acompanhar a linha do cabo, mesmo que em planos paralelos, ou apresentar alguma inclinação, o que pode melhorar as condições de seu uso.

A espessura da parede das conchas pode variar bastante. Existem peças onde ela se mantém constante e homogênea, mas é fácil encontrar conchas com paredes que variam ao longo das suas partes: mais grossas no fundo, perto do cabo, e mais delgadas nas bordas, sobretudo na ponta.

Cada tipo de concha tem vantagens e desvantagens no uso corrente. Alguns são próprios para funções mais brutas, como mexer polenta, e outros para usos que exigem mais precisão, como o de dosar sal e pimenta na comida. Há, também, formatos mais específicos, como as colheres abertas, quase planas, próprias para retirar do panelão do cozido os legumes que já estejam no ponto. Tenho convicção de que a concha é a parte que mais chama a atenção das pessoas.

O cabo

O cabo é parte indispensável. Sem ele, não existe colher. Uma concha seria apenas uma cumbuca, uma tigela ou algo parecido. Dito de outra maneira, ao se colocar um cabo em uma tigela ou em uma cumbuca, surge uma delas. Basta lembrar das feitas com a casca escura de coco seco.

O cabo pode ter desenhos, os mais variados, milhares deles. Basta lembrar que cada uma das suas dimensões básicas – largura, espessura e comprimento –, por si só, já oferece muitas alternativas. Ao conjugar duas delas, multiplicam-se as possibilidades, que se ampliam indefinidamente quando associadas com a terceira.

Isso sem contar a grande variedade de seções que o cabo pode ter: quadradas, retangulares, trapezoidais, triangulares, redondas e ovais de todo tipo. Além disso, elas podem variar ao longo do comprimento.

A ponta do cabo também pode variar bastante, sendo de todo recomendável que ofereça boas condições de pega e estética. As dimensões e os modelos do cabo são elementos vitais para garantir boas condições ergonômicas à colher. Cabos finos e redondos, por exemplo, não oferecem boas pegas e firmeza. Os cabos longos protegem as mãos contra os respingos do doce fervente e os curtos podem facilitar a raspação do fundo da panela.

A ligação cabo-concha

Nem só de cabos e conchas vivem as colheres. É absolutamente indispensável que essas partes estejam interligadas, de modo a compor um objeto inteiro. E que essa ligação valorize as especificidades de cada uma das outras duas partes, fazendo com que o conjunto se mostre funcional, bonito e tudo o mais que caracteriza uma boa colher.

Também aqui é possível encontrar enormes variações no desenho de cada um dos elementos das ligações. Basta lembrar que elas podem assumir a condição de retas e de curvas de qualquer tipo, podem ser curtas ou longas e, também, ser independentes, discretas ou vistas como parte da concha ou do cabo. Algumas parecem cinturas. Existem ainda aquelas que são parte de uma peça indivisível, na qual cabo, concha e ligação são um contínuo. Tudo isso vai contribuir para as infinitas alternativas de desenho que a colher pode vir a ter.

Uma coisa é certa: é exatamente na região que acontece a maioria das quebra. É nela onde ocorrem mudanças bruscas de direção dos cortes, o que provoca concentração de tensões, ou pontos de fragilidade do cabo. Muitas vezes, a quebra ocorre em decorrência de desbastes feitos para além do conveniente.

Deve ser constrangedor para uma pessoa me dizer que a colher que lhe dei de presente quebrou nesse bendito lugar. A reposição imediata é garantida, sem que seja necessário reclamar por escrito.

Depende e varia

É fácil imaginar que as colheres foram sendo aprimoradas, conforme as necessidades específicas e os materiais que foram surgindo. Imagino que as primeiras foram feitas com folhas duras, cascas de árvore e de frutos grandes, lascas de madeira, ossos, marfim e conchas marinhas.

Com a evolução das ferramentas e das habilidades humanas, ampliaram-se progressivamente as possibilidades de aproveitamento dos recursos naturais disponíveis para fazer muitas delas. O universo da produção se expandiu na medida em que o homem foi dominando a cerâmica e as técnicas de fundição do cobre, estanho, bronze e das ligas de ferro.

O domínio dos metais nobres possibilitou o surgimento das colheres de ouro e de prata, de valor bem superior, ampliando e diversificando sua utilização, como objetos de decoração e adorno, e como expressão de riqueza e poder.

O surgimento dos processos industriais de extrusão e de estampagem deram vez à produção em larga escala de colheres de todo tipo, feitas com ligas de aço e, mais recentemente, de plástico. Quase todas dotadas de design funcional, bem-acabadas e, importantíssimo, de baixo custo. Estava decretada a possibilidade de praticamente todos os indivíduos civilizados do planeta poderem dispor de colheres. Para seu próprio uso e também como presentes, lembranças e mimos.

Cada cabeça, uma atitude

Cláudio, meu irmão, gosta de filosofar dizendo que, a cada tempo e a cada ângulo do olhar, as coisas mudam de lugar. Essa teoria se confirma plenamente ao tomar por base a reação e os comentários das pessoas diante das colheres que fiz.

Com ajuda de quem acompanha de perto essa história, não foi difícil relacionar, em ordem alfabética, qualificativos que expressam emoções e preferências das mais variadas:

atemporais, atraentes, aveludadas,
belas, bonitinhas, brilhantes,
concha sensacional,
delicadas, diabólicas, diferentes, duráveis,
elegantes, engraçadas, esquisitas, essa é forte, estranhas,
fininhas, firmes, flexíveis, fortes, frágeis, furadinha,
impresionante, inspiradora, instigante, inútil,
legal, lindas, lindinha, lisinha,
me lembra vovó, meio troncha, melhor terapia,
não entendi pra que serve essa, não vai servir, não vou ter coragem de usar no fogão, nossa! Você já fez muitas,
obras de arte, ótimas, ótima pega, ótima pra raspar o fundo,
parece pá de tirar farinha do saco, parece palmatória, parrudas,
pena que não vende, pequeninas, perigosas, poderosas, pontuda, pra bater panela, pra coçar as costas,
pra coçar o cerebelo, pra fazer omelete, pra mexer o suco,
pra panela funda, pra passar manteiga, pra provar o caldo,
pra que você quer tantas?, pra servir pimenta, pra tirar o sal,
pra tocar tarol, pra virar panqueca, pra que que serve?,
puro design,
que cabo legal! que prestígio!, quero uma assim,
redondinha, resistente, rombuda, rústicas,
se encaixa no queixo, senti firmeza pra mexer o pirão,

simetria perfeita, simpáticas, suave, super design,
também é de bambu?, tão lisinha, tô com moral, tortinha,
uma mais linda que a outra, usáveis,
vai pra parede, vai ser a minha batuta na orquestra do fogão.

Outras emoções informam sobre as atitudes das pessoas diante das colheres que ganham de presente. Aqui, tenho visto de tudo um pouco, a começar por aquelas que nem agradecem o que recebem, talvez por inconfessável decepção com a que ganhou. Há quem diga, com toda razão, que a expectativa prejudica a experiência.

Felizmente, só coisa boa acontece quando entrego uma colher para quem tenha me pedido. Nessas ocasiões, as expectativas de quem recebe e de quem dá o presente são convergentes e compatíveis: um "toma lá, dá cá" de ótimas emoções, verdadeiras e duradouras, além de abraços apertados e beijinhos carinhosos, tudo de bom.

Muitas vezes ocorre de a conversa ficar meio sem rumo, talvez porque o cérebro de quem recebe está, naquele momento, às voltas com os pequenos prazeres sentidos com os olhos e com as pontas dos dedos.

Fico sempre meio sem jeito quando alguém me pede pra assinar ou colocar minha marca na peça que ganhou, provavelmente para comprovar a sua autenticidade, procedência e autoria. Mas está aí uma coisa que não faço nem pretendo fazer.

Tem muita gente que guarda o presente que dei na cristaleira, em lugar de destaque sobre o aparador ou que manda emoldurar pra pendurar na parede. Tem quem junte com as outras que já ganhou e coloque num pote de cerâmica para enfeitar a cozinha, como usa Ana Maria, minha irmã caçula. Há quem arrume as suas na mesinha de centro da sala, como faz Beatriz, minha irmã mais velha, e quem prefira uma montagem com muitas delas, diretamente na parede, como Diana, minha filha.

Pra falar a verdade, eu me emociono mais quando fico sabendo, ou vejo pessoalmente, que a que dei está em pleno uso nas panelas ou nas tigelas da casa, cumprindo seu destino primordial.

CAPÍTULO 6

BAMBU

Pode parecer estranho, mas confesso que não me sinto um estudioso dos bambus. Tudo o que sei é empírico, tirado da observação e experimentação pessoal. Quase não leio nem converso sobre eles, embora existam lindos livros que são verdadeiros tratados.

Sendo grande admirador e usuário de vida inteira desse recurso natural, altamente versátil e poderoso, sei que sou daqueles que exploram pouco as suas enormes potencialidades.

Um pedaço de bambu é parte de uma equação que me desafia sempre que começo a querer fazer alguma coisa com ele. É sempre mais emocionante tentar fazer uma peça que me agrade a partir de qualquer um que me chegue às mãos, tenha ele as particularidades que tiver. Utilizar somente os de primeira linha, que se apresentem bonitos, resistentes, sem buracos nem mofos, poderia empobrecer a brincadeira.

Por princípio e convicção, não escolho, não refugo e não descarto bambus que foram cortados na época certa e que estejam livres de brocas, mas tento evitar os que estejam mofados. Do mesmo modo, sempre tento aproveitar ao máximo o pedaço que esteja cortando, mesmo que tenha muitos outros por perto ou nos estoques, normalmente fartos e diversificados.

Força do peixe, emoção do pescador

Acredito que o trabalho com bambu tenha surgido das lembranças do tempo em que cada pescador, como eu, preparava as suas próprias varas de pescar. Ainda está viva na memória a excitação de escolher as varas na fazenda de um vizinho nosso, cortar as mais adequadas e trazê-las para casa.

Depois de tirar os galhos com canivete, desentortava as varinhas com a chama de uma vela, esquentando o lugar que precisasse ser retificado. O calor, além de amolecer o bambu, fazia brotar o cheiro doce da seiva quente, aumentava o brilho da casca e deixava marcas escuras na superfície, o que servia para enfeitar a vara, a critério do dono.

Naquela época, as varas de pescar eram iguais na essência, mas diferentes nos detalhes. Cada pescador conhecia a dele de longe.

No início das férias escolares, em meados de dezembro, era tempo de preparar o próprio material de pesca, conversando sobre pescarias, peixes, iscas, linhas, anzóis e chumbadas. Como ainda não existiam as varas de fibra e de aço carbono, as minhas habilidades com o canivete e com o calor do fogo ajudaram a criar minha fama de fazedor de varas de pescar feitas de bambu.

Com o tempo, passei a me valer dos ensinamentos que recebi de Hélio Gomes, grande amigo de meu pai, sobre a arte de fixar os passadores de linha e a ponteira nas varas de arremesso. Isso era feito com fio urso, o mais resistente da época.

O serviço de preparar varas exigia atenção para identificar e corrigir as imperfeições da vara. Qualquer descuido poderia provocar estragos irreversíveis. Perdia-se tempo e, mais do que isso, atrapalhava o andamento da brincadeira. Terminado o serviço, era hora de testar o comportamento das varas, submetendo-as a esforços de peixes imaginários. O pescador precisa conhecer seu material de pesca, sobretudo os limites de resistência.

Envergar e retornar à posição inicial é uma capacidade natural dos bambus. Sua flexibilidade é excepcionalmente eficiente para amortecer o impacto dos arrancos dos peixes maiores. O desenho da curva resultante, uma verdadeira hipérbole do prazer do pescador, expressa a absorção da força do peixe e a resistência do homem. Quanto mais acentuada a curva, maior o peixe, maior a emoção do pescador. Vara que fosse quebrada por algum valente virava troféu.

Multiuso geral

O bambu ampliou substancialmente o leque das possibilidades de dar solução para os mais variados tipos de problemas caseiros. Mantenho um estoque bem sortido de pedaços secos. Eu os utilizo na medida em que surgem as necessidades: colocar eixos nos carrinhos dos netos, substituir cabos de panela, de faca, de cortador de pizza e de ralador de queijo, firmar porta do armário da cozinha, fixar trepadeira no jardim, fazer espetinho de churrasco e muito mais, muito mesmo.

Além de varas de pescar, o bambu é usado para fazer cabos, brinquedos, utensílios, bengalas, instrumentos.

Já fiz arco e flecha pra dois netos, que sempre são disputados pelos outros na hora de usar. A pedido do meu amigo Arlindo Villaschi, me aventurei a fazer uma casaca, espécie de reco-reco que o pessoal das bandas de congo usa para marcar o compasso com repiques de som rasgado. O argumento dele é que estava aprendendo a tocar e precisava de um deles pra treinar em casa. Ele morava sozinho.

A vida fez de mim um consertador de coisas quebráveis e imperfeitas. Tornei-me capaz de atender às demandas mais variadas, utilizando material resistente e durável em soluções definitivas e, sobretudo, naquelas gambiarras provisórias permanentes. Como é de se esperar, isso me enche de alegria e me faz rir sozinho quando chega uma demanda trazida por alguém com cara envergonhada pelo estrago que provocou e também por avós ou mães pedindo socorro, com carinhas de tristeza.

Brotando e crescendo

De uns tempos pra cá, começaram a surgir núcleos de pesquisadores de universidades brasileiras dedicados aos assuntos relacionados com bambu. Acho um grande avanço e deve ajudar a oficializar essa planta como um recurso extremamente poderoso, por suas características e vastas aplicabilidades, sem contar as vantagens que oferece em termos econômicos e sociais. Cresce rapidamente o número de pessoas que descobrem as belezas e utilidades dessas gramíneas maravilhosas e do quanto elas podem oferecer em termos de preservação ambiental.

A internet está coalhada de informações a respeito deles, a começar por anúncios de varas in natura e de já tratadas, além de muitos produtos semi-industrializados.

Já vi que existe uma boa quantidade de artigos técnicos e científicos sobre propriedades físicas de cada espécie, sistemas de plantio, colheita, transporte, guarda e beneficiamento, rendimento por hectare e tudo o mais que possa interessar a curiosos e consumidores.

Raízes cortadas do bambu.

A diversidade de espécies amplia bastante as possibilidades de seu aproveitamento e suas aplicações em um sem fim de aplicações, incluindo artesanato, utensílios, obras de arte, móveis, bicicletas, cercas, pontes, andaimes, estruturas, coberturas e construções de médio porte. Além de comida feita com seus brotos, os bambus também têm grande utilidade na contenção de encostas, na irrigação e na produção de papéis especiais.

Dentre as vantagens oferecidas, estão: flexibilidade permanente quando entortado ou torcido, resistência à compressão, resistência à tração, grandes comprimentos e uma enorme variedade de diâmetros,

As muitas centenas de tipos de bambu se diferenciam por suas dimensões, formatos, estruturas e cores.

além das cores e o verniz da sua casca e o fato de ser leve e moldável com facilidade e segurança.

As suas características reforçam a sua singularidade e os fazem um material espetacular e ímpar, um recurso passível de produção em escala e de fácil manejo, a custos reduzidos.

Pelo que se vê, ele entrou na moda por aqui, com o surgimento da chamada economia do bambu, que inclui negócios e atividades relacionadas com plantio, beneficiamento, comercialização. Ganha força e se diversifica a sua utilização como matéria-prima alternativa a produtos como aço, tijolo, telhas e muito mais. Estão usando, em larga escala, até para produzir papel. Acredito que está em curso um processo muito promissor de aproveitamento dos bambus, um recurso renovável, que aqui pode ser produzido com facilidade.

Fazer utensílios de bambu é algo corriqueiro no Oriente, desde sempre. Na feirinha da Praça da Liberdade, em São Paulo, descendentes de japoneses vendem seus produtos. Nas lojas por perto, pode-se encontrar muita coisa importada feita em escala industrial.

Muitos, muitos mesmo

Há quem afirme que existam mais de 1.300 espécies espalhadas mundo afora, de características muito variadas. Da família das gramíneas, existem muitas diferentes, incluindo algumas de dimensões reduzidas, usadas em jardins. A maioria delas forma touceiras grandes, sendo que, em algumas, os caules brotam e se desenvolvem bem espaçados um dos outros ao longo do terreno.

Pelo que se pode ver na internet, no Brasil não temos tantas variedades deles, podendo chegar na casa das 250 espécies. O Acre tem a maior floresta de bambu do mundo, algo como 4,5 milhões de hectares, e o Brasil detém 23% dessas florestas do planeta, mais do que a China, que tem uns 20%.

Já frequentei muitos bambuzais dos mais diferentes tipos de varas pra cortar. Sempre me impressionam as touceiras de Bambu-balde, com varas de mais de 30 metros de altura, gomos de uns 80 cm de comprimento, diâmetro de mais de 30 cm e paredes com uns 4 cm de espessura. Uma verdadeira maravilha da natureza.

Nas minhas andanças, sempre encontro touceiras do que chamam de Brasileirinho, por ter casca amarela forte com umas poucas listras verdes ao longo dos gomos. Tenho visto também áreas cobertas com Bambuí, um tipo fininho, próprio para fazer varas de pescar pequenas, e muitas touceiras de um que tem casca verde escuro de diferentes tipos, inclusive um de uns 5 cm de diâmetro, gomo longo e parede grossa, usado na sustentação de pés de tomate. Muitas dessas touceiras estão às margens de estradas vicinais, sem o menor sinal de que estejam merecendo atenção.

Escolher qual vara cortar é atividade muito prazerosa.

No Espírito Santo, nunca vi uma plantação de bambu Mossô, aquele que é entortado para ser colocado em vaso de decoração, nem do Guadua, que é originário da região noroeste da América do Sul, e estão sendo plantados lá para as bandas de São Paulo, para uso na construção civil.

Por ser fora do comum, o tipo Taquara, o famoso Taquarão, ganha destaque por seus gomos, que podem atingir um metro de comprimento com uns 10 cm de diâmetro e casca áspera. As touceiras grandes e altas, bonitas de se ver balançando sob a força dos ventos. A maior que fiz foi a partir do gomo, que trouxe do sítio de Luiz Henrique Toniato.

Gosto de manter sob controle visual as touceiras que conheço, por pura mania, sem qualquer interesse ou má intenção. Elas funcionam como pontos de referência no meu mapa mental dos lugares que frequento.

Bambuzal inesquecível é o que cobre uns 400 metros do acesso ao aeroporto de Salvador, na Bahia. Em 2003, Fred Regis, um então aluno de desenho industrial e hoje fotógrafo, me achou na rede ao fazer seu trabalho de graduação sobre as potencialidades dos bambus. Por sua iniciativa, fiz uma palestra para seus colegas e professores na Unifacs. Na época, ele relatou o nosso encontro no Orkut:

> *"...quando passávamos pelo bambuzal, ele me pediu para parar o carro. Andou um pouco pela grandiosa moita, pegou um pedaço de bambu que estava partido e seco no chão e começou a tentar quebrá-lo, batendo-o contra o solo. Então eu disse que tinha um facão no carro. Com grande destreza, cortou dois pedaços de meio metro e colocou na mala, sem dizer uma só palavra. Na palestra ele comentou o fato, dizendo que, há muito tempo, estava de olho naquele bambuzal..."*

Tempos depois, Fred me mandou uma caixa cheia de pedaços da fazenda da família dele.

Varas com gomos

O bambu tem uma estrutura muito particular: uma vara comprida formada basicamente por um conjunto de colmos, que prefiro denominar de gomos ocos, fechados nas extremidades por nós. Isto lhe confere um lugar único entre as plantas.

Parte externa do bambu, lugar de onde saiu um galho e o interior da vara.

Os gomos são tubos, cujas dimensões de diâmetro, espessura de parede e comprimento podem variar bastante, em função do tipo de bambu, assim como de sua posição ao longo da vara. Os gomos vão afinando na medida em que se afastam do chão. Eles vão surgindo progressivamente e suas dimensões permanecem inalteradas depois que se consolidam.

As varas mantêm o mesmo diâmetro até alturas elevadas e depois passam a afinar, progressivamente, em direção às extremidades, que são sempre flexíveis e delicadas. Em quase todos os tipos, os galhos brotam ao longo da vara, sempre na região dos nós. Em função da espécie, eles podem variar de tamanho, sendo que, em algumas delas, os galhos são finos, localizados na parte de cima da vara. Existem os perigosos, por terem espinhos.

Os gomos que ficam perto do solo são os que surgem primeiro. Em algumas espécies, eles podem ser mais curtos do que os que vão surgindo depois, fazendo a vara aumentar de tamanho. Eu tenho grande simpatia por varas de espécies menores e mais finas, que tenham os gomos de baixo bem curtinhos. São excelentes para servir de cabo de faca e de panela, pois propiciam ótimas condições de pega.

Fibras por todo lado

Nos planos de cortes oblíquos, as fibras aparecem como pequenas elipses. Nos cortes longitudinais, ao longo do gomo, elas se apresentam como

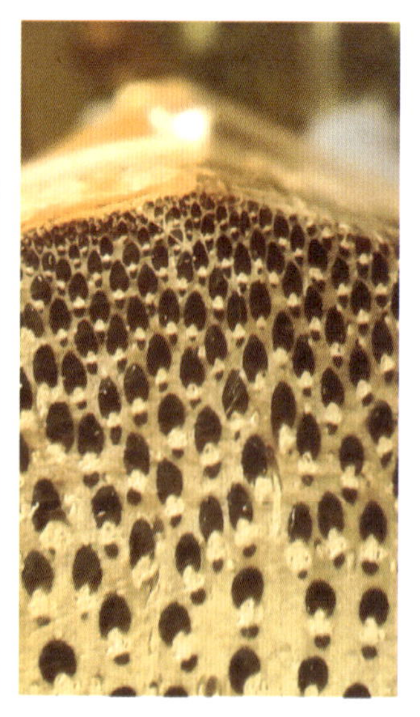

As fibras proporcionam flexibilidade e imagens simpáticas, além de instigantes, quando cortadas.

linhas escuras e contínuas, sempre mantendo um paralelismo perfeito, mesmo quando a vara é meio curvada.

As fibras têm dimensões variadas e se distribuem de modo organizado ao longo da parede do bambu. Elas são mais finas e mais numerosas na parte externa, perto da casca, e mais grossas e em menor quantidade quanto mais perto do eixo do gomo.

Gosto de dizer que as fibras são a alma e o segredo dos bambus. São elas que lhes proporcionam o que têm de extraordinário: flexibilidade, resistência, dureza, durabilidade e elegância, complementando a beleza e a impermeabilidade das cascas, que as guardam e protegem. É delas que tiro proveito para embelezar o que faço. As fibras são bonitas de se ver e encantam muita gente.

Nós que não desatam

Os nós que separam os gomos são constituídos por uma espécie de placa, fina, que ocupa toda a área do vazio interno. Eles se ligam com a parede do gomo ao redor de todo o seu perímetro. A espessura dessa placa vai aumentando em direção à parede, onde assume a aparência de um anel côncavo que reforça a resistência e a compressão da vara.

No gomo seguinte, esse encontro pode ter uma área de contato reduzida, quase que ortogonal em relação à parede, o que oferece novas oportunidades de aproveitamento para quem faz colher.

Visto de fora, normalmente o diâmetro dos nós é um pouco maior do que o do gomo, e a sua superfície externa pode apresentar indicações da origem de ramificações e raízes. É na região dos nós que brotam as raízes, os galhos e, em certas espécies, os espinhos.

A matéria dos nós é constituída de fibras separadas por uma massa clara. Neles, as fibras perdem regularidade, paralelismos e simetria, mostrando-se curvas e entortadas, até que atinjam o gomo seguinte, quando voltam a se apresentar com a mesma organização rigorosa e precisa.

Os nós cumprem funções relevantes na estrutura cilíndrica dos gomos e proporcionam sua completa vedação, possibilitando seu aproveitamento para fazer potes e copos de aparência muito interessante. É comum encontrar um gomo íntegro e perfeito ao lado de um outro que tenha sido cortado, esteja cheio de água ou parcialmente mofado.

Por serem mais compactos, gosto de usar a parte do nó para garantir maior resistência às extremidades das conchas e da parte frontal das espátulas, assim como elemento de transição entre a concha e o cabo. Também podem ser usados como fundo de conchas cilíndricas e de potes.

Brocas vorazes

Dizem que as brocas se alimentam da seiva do bambu, que contém algum tipo de glicose. Embora não consiga fundamentar cientificamente, sou da opinião de que as brocas estão inoculadas na sua madeira, fazem parte dela. Sendo assim, sempre que o ambiente estiver favorável, rico em substâncias que lhes interessem, elas se desenvolvem e começam a devorar, sem parar, o que encontram de bom pela frente.

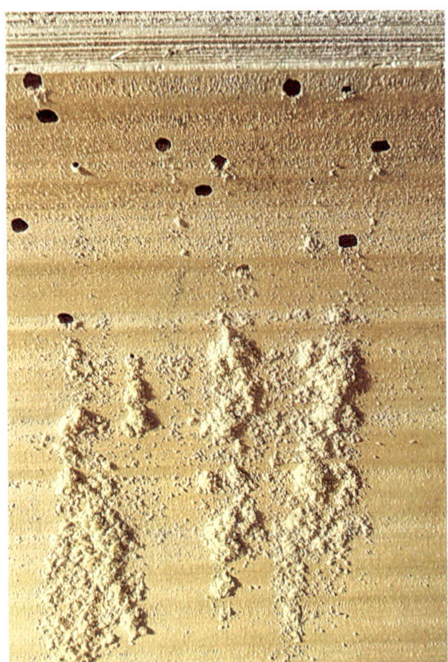

As brocas são insetos vorazes que passam a vida inteira comendo bambu dia e noite.

A constatação da existência das brocas foi uma descoberta dolorosa. Sem ao menos me pedir autorização, elas fizeram buracos e canais na concha de uma colher grande, feita com varas que Carlinhos trouxe do sítio, para que não faltasse matéria-prima pro amigo. Um pó branco, finíssimo, anunciava a presença de insetos, provavelmente cupins. Ao cavar a madeira para chegar aos culpados, eu vi que não eram cupins, meus velhos conhecidos. Comecei a procurar as explicações e acabei por descobrir que eram outro tipo de inseto. Os insetos são arredondados e parrudos, parecidos com tanques de guerra, e têm nome científico rebuscado: *Dinoderus minutu*.

Aos poucos, acabei incorporando um pouco da sabedoria dos homens da roça: o bambu, como as demais madeiras, deve ser cortado na lua minguante, de preferência nos meses sem "r" e no comecinho das manhãs, quando a quantidade de seiva está concentrada nas raízes. Nessas condições, sem a glicose da seiva, as brocas não se desenvolvem nas varas.

Comprovei, muitas vezes, que as brocas não passam de um pedaço onde vivem para outros que tenham sido cortados na época certa. Mesmo que eles estejam lado a lado, numa caixa, por meses seguidos.

A experiência confirma que as brocas preferem comer a parte clara, entre as fibras, talvez por ser mais macia, rica e saborosa. Raramente, talvez por já não terem mais o que preferem, elas comem as fibras também.

Quem vê um bambu de fora dificilmente consegue perceber que ele está cheio de brocas e que só sobrou a casca. Isso por sua madeira ter sido devorada por um exército de bichinhos escuros e rombudos que, suponho, não param de comer nem pra dormir.

Outro dia, fiz um vídeo time-lapse, com a câmera fotografando um pedaço de Bambu-balde durante uma noite inteira, a cada dez segundos. Nele, é possível ver que as brocas expulsam pó pelos buracos, sem parar. Depois de alguns dias, coletei o que haviam produzido: o equivalente a duas latas de leite condensado. Moldei um belo pão com o pó e publiquei no Instagram. A imagem enganou muita gente e fez o maior sucesso.

Há que se ter cuidado com as brocas, sobretudo quando não se sabe se o presente foi cortado na lua certa. Na dúvida, é bom esperar que sequem bastante, em regime de quarentena. Para me livrar delas preventivamente, recorro ao calor do forno microondas.

Comeram a concha e bordaram o cabo.

Guardei com muito cuidado a que tem a parede da concha mais fina que já fiz. Ela é muito delicada e uma pancada poderia rachar o que ela tem de mais expressivo. Não é que algumas brocas conseguiram fazê-la mais frágil, ao comerem tudo o que quiseram, produzindo uma espécie de bordado em relevo em toda a sua extensão? Gosto de brincar dizendo que tive muito trabalho para ensiná-las a fazer algo tão perfeito.

Casca por fora e por dentro

A casca, parte importantíssima do bambu, é formada por uma camada fina e homogênea que envolve a parede, onde estão as fibras e a massa clara. Ela tem duas camadas: uma película na superfície, que é lisa, resistente e colorida; e, abaixo dela, uma outra, bem dura e compacta, constituída por um material quase branco.

Para mim, a casca tem dupla função: proteger e impermeabilizar a vara e, por que não, mostrar as belezas de cada espécie. Ela vai mudando de cor à medida em que a vara vai envelhecendo, até secar, quando fica amarela. É comum encontrar cascas cobertas por uma espécie de musgo, o que atesta a sua idade e facilita a identificação das mais velhas, minhas preferidas para cortar.

O calor da chama lançada sobre a casca faz brotar um líquido denso que, ao ser limpo com um pano úmido, deixa à mostra um verniz, tão brilhante que muita gente acha que a vara foi envernizada.

A superfície interna do gomo também é uma casca dura e lisa, mas não tem cor vibrante nem é coberta por algo parecido com o verniz. Ela é revestida com uma camada fina de um material perfeitamente aproveitável em função de seu aspecto simpático e bem-acabado. Para mim, seus usos são similares aos que faço com a casca externa, com a vantagem de ser aveludada. Quando esfregada, com força, com um pedaço de madeira lisa, ela pode brilhar.

Submetido ao calor de um bico de maçarico, da chama de boca ou forno de fogão, o bambu ainda verdoso expele jatos de vapor, reduzindo sua umidade, a ponto de ficar completamente seco.

Após alguns testes, passei a utilizar o forno microondas para secar pedaços pequenos, com a vantagem de permitir um controle mais efetivo do processo. O cheiro adocicado que exala do forno durante a secagem perfuma a cozinha e, vez por outra, gera reclamações amistosas.

Fiz uma espécie de cabeça de pássaro com o pedaço que restou da touceira incendiada.

Mofado não serve

É muito comum encontrar mofo nas varas que não tenham sido secadas corretamente. Vista de fora, é difícil saber se a vara está mofada por dentro. Para quem, como eu, pretende realçar a beleza da sua madeira, a existência de áreas mofadas pode ser bem frustrante, a ponto de ser obrigado a interromper o serviço.

Quando o mofo atinge áreas restritas, pode-se optar por criar uma peça que evite o que esteja comprometido, o que se torna um desafio adicional.

Em grande parte, os processos de tratamento do bambu visam extrair o líquido existente na sua madeira, de modo a garantir durabilidade. Isso é feito mergulhando as varas em água corrente ou com uso de calor de maçaricos, imersão em água fervente, secagem em fornos e autoclaves. Para facilitar, após serem cortadas, as varas devem permanecer na vertical por um bom tempo.

Em alguns desses processos, pode-se recorrer à injeção de substâncias venenosas para prevenir a infestação de brocas, prática que jamais adotei.

Truques e macetes

O consumo de uma vara é feito aos poucos, para atender a uma necessidade específica ou uma vontade qualquer. Para facilitar, já usei serra de disco do nosso pedreiro para cortar, em pedaços menores, as varas de paredes grossas, difíceis de vencer com serrote.

É bom dividir os gomos em tiras, com ao menos uma parte do nó, para acabar de secar e estocar. Essa providência começa por limitar as alternativas de aproveitamento de cada pedaço. Cortou, está cortado e não tem volta.

As particularidades de cada pedaço, quando respeitadas e aproveitadas desde o começo, acabam por interferir e condicionar os formatos que vão surgindo no processo de desbaste. Resolvido o shape da peça, os processos de refino das partes e do acabamento podem tirar proveito das fibras e da casca, em busca de beleza, suavidade e harmonia.

O colorido do verniz, uma irregularidade na seção do gomo, uma variação na espessura da parede, uma mancha na casca, são partes de um mesmo quebra-cabeça.

Trabalhar o bambu seco exige mais força física e ferramentas afiadas. Em compensação, permite o uso de lixas e cacos de vidro para dar acabamento às superfícies, melhorar a concordância entre planos, aumentar a exatidão das arestas e obter curvas mais suaves bem como precisas.

Mas quem não tem restrições?

O conjunto de restrições presentes num pedaço de bambu pode ser superior a tudo o que ele apresenta de bom, de potencialidades que possam ser aproveitadas com algum esforço. Me diverte tentar fazer alguma peça qualquer com um pedaço aparentemente imprestável. Quase sempre consigo.

Quanto mais inadequado ele for, maior será a satisfação de ter conseguido contornar suas limitações. Por convicção, eu não desperdiço nem jogo fora lascas maiores de bambu. Só descarto os gravetos. Tento aproveitar o que resta daquele que usei, como que por diversão, como se representasse um desafio. De um pedaço pequeno pode sair uma espátula muito boa.

Facilitaria a vida utilizar só os de alta qualidade, isento de defeitos ou limitações nas suas características e dimensões. Por teoria ou por esporte, não me permito agir por comodismo, preguiça ou consumismo quando estou fazendo colher. São estados de espírito contraproducentes, prejudiciais ao exercício do bom combate e empobrecedores das boas emoções. Sobretudo daquelas associadas à autoestima, por conseguir produzir sob condições adversas.

Tenho por hábito aproveitar sobras de bambu que vou encontrando por onde passo, incluindo pedaços de cadeira quebrada e vara de pescar rachada. As peças feitas com essas sobras ganham personalidade e viram protagonistas de histórias boas de contar. Passam a ter origem determinada, como alguns vinhos, ganhando reconhecimento e distinção.

Nunca desisto de um pedaço de bambu, mesmo quando erro um golpe ou corto mais do que deveria, restringindo as possibilidades ou até mesmo prejudicando definitivamente o que estava tomando jeito. Nessas situações, acho graça do acontecido, respiro fundo, analiso o que tenho em mãos e, com a mesma disposição inicial, sigo cortando para obter um outro desenho possível, que possa me agradar.

De perto e de bem longe

Bambu é o que nunca me faltou desde que comecei a brincar de fazer colher. Mantenho um bom estoque de pedaços de origens, tipos e as mais variadas dimensões. Por precaução, eu sempre levo a minha

Pouca gente presta atenção no que existe na ponta do cabo da colher que ganhou.

As varas de bambus da espécie Dendrocalamus Strictu *são surpreendente maciças.*

foicinha, quando vou ao interior em tempo de lua escura, na expectativa de cortar algumas varas em touceiras de confiança ou que se mostrem promissoras.

Também é bom dizer que muita gente querida me traz varas, em sinal de solidariedade e carinho. Tem quem conte que se lembrou de mim quando viu a touceira da fazenda do avô. Costumo retribuir esse tipo de gentileza com colheres saídas do bambu recebido e com potes de doce que faço com goiabas do quintal.

Além dos que estão lá fora e debaixo da bancada esperando a vez de serem cortados, mantenho sob controle visual, alcançáveis, pedaços de bambus de grande estima. Não que sejam de tipos especiais ou raros, mas por terem origens definidas e histórias significativas. Entre esses, estão os que resultaram de pequenos furtos. São eles: uns poucos pedaços de bambu preto, lá de Inhotim, em Minas Gerais, e de uma tira estreita e comprida que saiu de um conhecido jardim botânico, presa pelo elástico da calça. Todos eles secos e recolhidos no lixo.

A título de curiosidade e sem querer contar vantagem, listo alguns dos que vieram de longe: metros de tiras para fazer cestos, que ganhei de um artesão japonês num evento em Munique; um toco cheio de raízes, que apanhei no jardim do oceanário de Lisboa; varas fininhas, que cortei na cerca do Palácio de Schönbrunn, em Viena; sobras de uma exposição na Suíça; uma espécie de cana, que meus filhos Bento e Rafael recolheram no caminho de Machu Picchu; lascas de um muito duro trazidas de Pirenópolis, em Goiás; varinhas que cortei no Parque da Cidade, em Brasília.

Incluem-se também nessa lista: três gomos de um tipo envergado da cidade do Conde, na Paraíba; três gomos do que sobrou de uma bela touceira de Bambu-balde que existia na região da Pedra Azul, nas montanhas capixabas, uma vara de um duríssimo, de diâmetro pequeno e parede muito grossa, que consegui tirar antes que destruíssem a touceira para dar lugar a um condomínio na fazenda Jacuhy, da minha infância.

Ainda tenho uma pequena quantidade do que consegui trazer do Jardim Botânico do Rio de Janeiro, após receber autorização oficial, por escrito. Foi emocionante indicar para o jardineiro, munido de facão amolado, os tocos que eu tinha mapeado previamente, sob boa emoção. Nada de cortar varas inteiras, para não prejudicar a natureza. No aeroporto, de volta para casa, meu tesouro amarradinho pesou exatos 18 quilos.

Dos que não consegui obter, estão os pretos que vi pela primeira vez nos jardins de Alhambra, nos arredores de Granada, na Espanha, quando fomos visitar um casal de amigos, nos idos de 1995. Sem um canivete para poder trazer uma varinha de lembrança, voltei para casa de mãos vazias. Pedi a Else Richwin, minha querida Galega, que, quando voltasse lá, tentasse arranjar, na maior legalidade, uma vara escura, velha e grossinha, o que ainda não aconteceu.

Quando soube da sua existência, quase não acreditei. Foi emocionante pegar nas mãos o pedaço de bambu maciço, que Carlos Ciprandi me enviou lá de Ametista do Sul, no RGS, onde mantém o Museu do Bambu e Cia.

Decifrar é preciso

No ano passado, resolvi fazer um estudo fotográfico sobre as fibras do bambu, que me encantaram pela primeira vez há mais de 25 anos e que ainda continuam a me fazer feliz. Até agora, já consegui cenas belíssimas e surpreendentes com a lente macro do celular. De pertinho, é possível perceber muita coisa para muito além daquilo que se vê a olho nu.

Luiz Gonzaga Souza Lima, sociólogo consequente, ficou encantado com as fotografias que tirei das fibras de um bambu bem velho, da minha mais alta estima. Nas imagens de alta definição, elas aparecem como linhas escuras, mais finas e mais grossas, entremeadas com um material clarinho. Em meados de 2020, recebi dele uma longa mensagem refletindo sobre o estávamos fazendo em plena pandemia:

> – *Oi Alvaro, ... Eu continuo naquela atividade de buscar o simples e o pequeno para passar meu tempo envolvido pelas grandes belezas contidas nas pequenas vidas, nas coisas mínimas.*

Me encantei com as formigas, com as gotas de orvalho nas pétalas e nas folhas, recuperei um hábito de infância lá do sertão, que era exatamente o de observar o espectro do arco-íris dentro da gota de orvalho.

Só se vê com o sol oblíquo, aquele da primeira manhã. É um prêmio. Não são potes de ouro, mas fiquei alegre de reencontrá-los, feliz de revê-los, sabendo que são segredos invisíveis das gotas de orvalho.

Continuo tentando ver o invisível da vida. Foi nesta vivência que recebi sua crônica cheia de novidades e de técnicas que admiro e jamais aprenderei. Uma frase atraiu meus pensamentos e energias intelectuais:

"Nestes tempos de recolhimento, inventei de fotografar as fibras do bambu, que se revelam na forma de linhas escuras, círculos e elipses, conforme o direcionamento do corte. Sua espessura e densidade variam bastante em função do tipo da planta e da posição que ocupam em relação à casca e ao longo do gomo, sobretudo nos nós, onde perdem os padrões de organização e distribuição."

Senti que, em algum plano, estamos fazendo viagens parecidas. Você está buscando, registrando e classificando os segredos da beleza do bambu, postura científica avançada. Acho que engenheiros, como você, estudam a resistência, a resiliência, a forma e a estrutura de materiais. Dos mais diversos materiais, terra, rochas, minerais. Até criaram metodologias para isto.

A sua frase me levou de volta a um seminário de filosofia da ciência, que segui em Milão, talvez em 71/72. Lá, li um texto que muito me impressionou: o cientista deve desnudar a matéria, deixá-la indefesa, desmanchá-la e recompô-la, para ser capaz de conhecê-la. O cientista deve torturar a matéria para extrair dela todos os seus segredos. E comprová-los pelo método experimental. Essa frase nunca me saiu da cabeça. Exilado como era, tendo passado seis meses preso, começando a construir minha consciência ecológica, aquilo me pareceu uma violência inaceitável. Nunca esqueci...

Você fez do bambu um objeto lúdico, que recebeu de você um imenso afeto. Carinho mesmo com as mãos, com o tato, com o olhar, com o sentir. Você acabou ficando amigo dele, coisa de mestre Gepeto, e nesta magia foi nascendo beleza. Muitas belezas, né não?

Como você mesmo diz, vai brincando com os bambus, revelando suas belezas, seus charmes, tirando os seus defeitos e descobrindo as colheres que estão guardadas dentro deles.

Em preto e branco, um trecho da superfície de bambu vira um perfeito código de barras.

> *E agora, você passou a segunda marcha. Está buscando revelar a beleza invisível das fibras do bambu, longilíneas, curvas e trançadas. Estou encantado com as suas fotos. Às vezes fico um bom tempo olhando para uma ou outra.*
>
> *Você faz isso sem torturá-lo para revelar estes segredos, sem destruí-lo, sem desmanchá-lo. Apenas revelando sua estrutura através de olhos tecnológicos das lentes, mais poderosos e exatos do que o olhar humano. Me fez lembrar a metodologia oriental, Ibn Sina, lembra-se dele?*

Em uma outra mensagem, agora inquisitiva, Luiz foi em frente nas suas inquietudes:

> *Perguntas têm me vindo e continuam a chegar: a estrutura das fibras tem relação com o DNA do bambu? Cada tipo tem uma organização de fibras específica? É diferente de gomo pra gomo, de nó pra nó? Entre os nós e entre os gomos do mesmo bambu existem diferenças? Existiria uma linguagem na organização das fibras, suas redes e seus nós?*

Ao telefone, ele me disse algo que nunca tinha imaginado nem ouvido falar:

> *Como as fibras estão rigorosamente organizadas, em paralelo umas das outras, na verdade, elas estão formando um verdadeiro código de barras.*

Dias depois, Luiz voltou à carga, agora com uma proposta desafiadora, cheia de poesia:

> *Acho que nós deveríamos tentar decifrar aquele código de barras para saber o que os bambus estão querendo nos dizer. Quem sabe eles têm algo inspirador e delicadíssimo para nos contar? Você é a pessoa que conheço que está melhor preparada para conseguir fazer isso.*

CAPÍTULO 7

FAZENDO COLHERES

Normalmente, passo algum tempo do dia diante da minha bancada. É muito comum ir direto pra perto dela logo depois de levantar da cama. Nessas horas, gosto de organizar tudo o que esteja fora do lugar, de varrer os restos de bambu que tenha deixado pra trás na véspera, de conferir o que estava fazendo e imaginar o que seria bom fazer. Nessa espécie de aproximação gradativa da realidade, parece que a cabeça começa a operar em direção às pessoas que estão esperando a sua colher, das ideias da crônica que terei que escrever, dos parentes que estão pra chegar, e assim por diante. Isso acontece simultaneamente com o que as mãos vão realizando, como que operando no automático.

Aprendi a cortar um pedaço de bambu sem idealizar previamente o que gostaria de fazer, confirmando que é possível criar algo guiado apenas pela intuição. Em outras palavras: basta avaliar o que vai surgindo e sair dando golpes em sequência, sempre conferindo seus efeitos e tomando decisões para continuar avançando, até obter um resultado satisfatório, seja ele qual for. A intuição é uma arma poderosíssima quando a deixamos no controle e no direcionamento das nossas escolhas.

Equação do desafio

Fazer colher é atividade muito prazerosa, sob muitos aspectos. É uma oportunidade para sentir emoções variadas, quase todas favoráveis a quem se arma da determinação de produzir alguma coisa. Envolve disposição, experimentação, habilidade, curiosidade, paciência e desafios.

Ao realizá-la, sou sempre estimulado a resolver uma equação bem simples e de poucos elementos: dado um pedaço qualquer de bambu, dadas as ferramentas que estejam ao meu alcance no momento, será que serei capaz de fazer uma peça que me agrade?

Pode parecer bobagem, sofisticação ou mania de gente velha, mas a verdade é que eu jamais diminuí o comprimento do pedaço que peguei pra trabalhar. A única justificativa plausível que consigo imaginar pra tal mania é a de que ela provocaria uma alteração relevante nos termos da equação, a ponto de modificá-la completamente.

A solução dessa equação começa com as tarefas de conhecer as especificidades do bambu e de identificar as potencialidades e limitações para o seu aproveitamento. Aqui, cabe considerar que o tal pedaço pode ter sido cortado de um gomo inteiro que estava sobre a bancada, apanhado sem qualquer critério objetivo no caixote que está ao lado dela ou trazido lá de fora da casa, do estoque permanente que mantenho. Na verdade, somente quando tenho em mente uma demanda específica é que exerço alguma escolha racional do que começarei a cortar.

Retirar, retirar e retirar

O trabalho de um colhereiro se reduz a, praticamente, um único tipo de atividade: retirar, retirar e retirar pedaços de madeira. Ele faz isso sempre, o tempo inteiro, sob diferentes denominações, à medida que o processo vai avançando e utilizando diferentes recursos.

Os atos de lascar, desbastar, cortar, raspar e lixar têm em comum o objetivo de extrair nacos de madeira em quantidade e dimensões cada vez menores, até o ponto de se mostrarem como um pó finíssimo.

O serviço de desbaste começa pela retirada de lascas grandes, com golpes de foice, na intenção de criar uma forma básica, bem tosca, sem preocupação com precisão. Aqui, o jeitão da peça é o que interessa.

Pedaços maiores e mais grossos exigem esforços que podem fazer doer o braço. No caso dos que têm parede mais fina, uma faquinha afiada e mãos firmes podem dar conta do recado em pouco tempo.

A brincadeira começa com a escolha do bambu.

Depois, é lascar o gomo com foicinha e porrete.

Entre um ato e outro, qualquer que seja o estágio, é fundamental observar o que está sendo feito e avaliar as consequências dos últimos golpes, de modo a decidir os próximos.

A sensação de cortar é sempre muito boa, mas a de conseguir cortar do jeito que se queria é ainda melhor.

Observei, na prática diária, que os resultados obtidos com cada ferramenta são restritos e produzem estragos que muito dificilmente poderão ser corrigidos com ela mesma. Uma lixa grossa, por exemplo, deixa riscos na superfície que só podem ser eliminados por uma lixa mais fina do que ela ou por uma raspagem com metal ou vidro.

Refinar é preciso

O serviço de aprimorar cada uma das partes e, simultaneamente, refinar o design da peça é muito compensador. Ele se materializa com a retirada de tiras estreitas e compridas e, em seguida, de fiapos, mais finos e menores, a cada etapa. Lâminas e cacos de vidro são os principais recursos para fazer esse trabalho com um mínimo de segurança.

Com o avanço do processo, a colher vai adquirindo aparência definitiva e os seus elementos vão ganhando precisão. Eventualmente, podem ser usadas lixas finas, com bons resultados e riscos menores.

Nesse estágio, as consequências de um erro podem ser tão mais graves quanto mais delicada for a peça e mais avançada estiver a finalização. Um corte mais fundo, por menor que seja, poderá demandar o rebaixamento da superfície inteira, sem direito a reclamação.

É nessa fase que o serviço se torna mais instigante, em função da presença da possibilidade de errar, e prazeroso, por se conseguir avançar com sucesso em direção ao que se pretende.

Obter uma tira de bambu da largura adequada.

Cavar o interior da ponta da concha para afinar.

É também nesse estágio que se trava uma batalha amistosa com as fibras, para contornar a sua condição de restrição e transformá-las em recurso estético poderoso, capaz de gerar exclamações e gemidos. O ideal é fazer com que elas apareçam como linhas e pontos escuros que contrastam com a parte clara da madeira.

Só falta finalizar

Resolvida a forma, é a vez de cuidar do acabamento, que nada mais é do que tentar exterminar toda e qualquer imperfeição que prejudique o prazer ao alisar a peça com a ponta dos dedos ou ao passá-la nas bochechas.

Na finalização, o trabalho consiste em tentar regularizar ao máximo as superfícies, as quinas, as pontas, os encontros de planos e retas e as interseções. Tudo o mais que tenha que ficar exato, certinho, liso ou cortante, se for o caso.

Nessas horas, as lixas finíssimas cumprem papel estratégico, ao lado dos cacos de vidro recém-quebrados. As lixas, para desbastar os ressaltos que ainda existam, e os cacos, para retirar finas camadas da superfície, fazendo surgir as cores da madeira. Lixadas, as superfícies são opacas; desbastadas com o vidro, elas podem brilhar.

Um pequeno gomo é instrumento poderoso para finalizar o acabamento. Ao esfregá-lo, pressionando sua casca contra a peça, os ressaltos minúsculos vão sendo comprimidos e a superfície vai ficando completamente lisa e começa a brilhar. Feito isso, é dar a colher como finalizada e tratar de começar a seguinte.

O que será ou poderá ser

Pra mim, um pedaço de bambu é uma espécie de página em branco. Sinto-me como devem se sentir um escritor e um desenhista diante de

Desbastar os lados da tira pra obter o formato do cabo.

Avaliar resultados e restrições para definir como seguir.

uma delas. Sempre se instala uma sensação de excitação, algo do tipo: o que pode ser feito com isso?

Antes de mais nada, como uma espécie de movimento de aproximação, convém cuidar do contorno do pedaço, regularizando seus limites e bordas, de modo a deixá-lo livre de imperfeições e da capacidade de machucar. Sim, uma quina afiada é capaz de cortar fundo a mão e uma ponta de fibra pode entrar debaixo da unha e fazer doer muito.

Terminado esse serviço, é a vez de ganhar intimidade com o pedaço escolhido em seu todo e em suas características específicas, bem como as condições da parede, das cascas, das fibras e, se for o caso, também dos nós. Tomando como verdadeiro e relativamente definitivo tudo o que esteja aparente e o que poderá estar escondido, é hora de responder a uma pergunta clássica: e daí?

Sabendo onde se quer chegar, eventuais dúvidas se dissipam logo na etapa dos primeiros golpes. Mas não se tendo a menor ideia do que se pretende, é de todo recomendável ir cortando sem pressa, conferindo os resultados com atenção e sempre dando chance para que alguma ideia interessante comece a tomar jeito. Aqui, há que se acreditar, piamente, que algo de positivo vai acontecer, embora possa demorar um pouco. Gosto de pensar que nessas horas sempre ocorre uma espécie de magia que passa a orientar os golpes seguintes.

O surgimento da forma básica é acontecimento indispensável para começar a solucionar a tal equação de fazer uma colher. Para o bem e para o mal, dado que ela poderá facilitar a evolução do processo ou dificultar bastante o serviço, sobretudo quando exige o uso de ferramentas que não existam por perto.

Aprimorar com faquinha o que foi obtido com goiva.

Retificar superfície com lâmina pode dar satisfação.

Cada um é um

Sob a minha ótica, cada pedaço de bambu tem "personalidade" específica, por assim dizer. Ela é definida pelas características morfológicas da sua espécie, bem como por sua idade, sua localização na vara e suas dimensões: comprimento, largura, espessura e curvatura. Há, também, aquelas que surgem em função das condições de secagem e de guarda, incluindo: rachaduras, buracos feitos por brocas, áreas mofadas, deformações e entorses, danos às cascas e muito mais.

Em maior ou menor grau, as restrições e inadequações podem variar em extensão e expressão. Cada qual dotada de especificidades que interferem diretamente nas exigências para corrigi-las e nas possibilidades de seu aproveitamento como elemento ou vantagem a ser explorada. Elas podem surgir a qualquer momento do processo e perduram até que sejam devidamente enfrentadas, seja por uma ação proposital específica ou em decorrência de intervenções realizadas em outras partes da peça.

Nessa mesma linha, estão os estragos e inadequações, que resultam de erros cometidos por desaviso, desatenção, inabilidade ou pelo uso de ferramenta inadequada. Tirar uma lasca do cabo ou desbastar uma de suas curvas poderá demandar ajustes em uma ou várias de suas partes. O resultado pode até ficar meio parecido com o original, mas, certamente, será uma outra, diferente nos detalhes ou mesmo no todo.

Quem vê uma peça pronta não imagina que ela seja apenas a última das figuras que foram surgindo durante o processo de fazê-la. Antes daquela que se vê, certamente existiram muitas outras, que desapareceram na sucessão dos golpes e dos desbastes. É curioso que quando uma forma desaparece por completo da vista ela também some da cabeça. De existência efêmera, acho que não dá tempo para que a sua imagem seja fixada na memória. Estava aqui, mas sumiu.

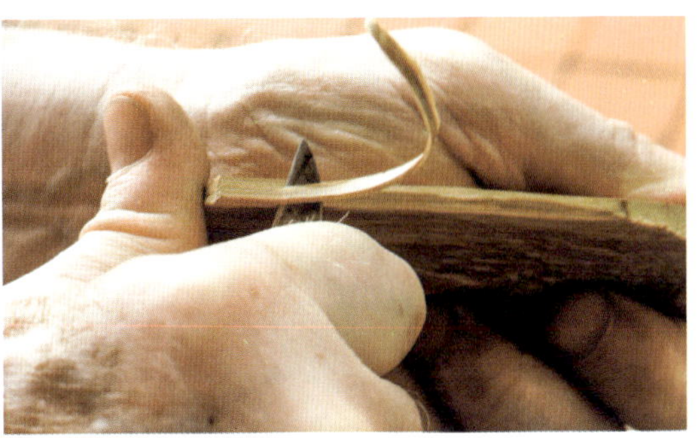

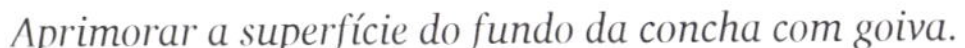

Aprimorar a superfície do fundo da concha com goiva.

Acertar as laterais da concha de olho na simetria.

Tirando, sempre aparece

Não existindo projeto, croqui ou expectativa que me obrigue a utilizar um método de trabalho específico, a liberdade de fazer peças diferentes acabou por se instalar de vez. Livre das obrigações, das manias de perfeição e dos males da pretensão, ganha espaço a alegria de tentar fazer alguma coisa bonita e bem-feita.

A pressa, que é considerada inimiga da perfeição, é algo que não pratico, por reconhecer sua inconveniência e inutilidade. Prefiro trabalhar sempre com calma e, se não der tempo, que fique pra depois.

Como o resultado pode ser qualquer um, as possibilidades de criar uma determinada forma ficam condicionadas quase que exclusivamente à quantidade de material que exista em cada parte da peça. Com as sucessivas retiradas, o universo das configurações possíveis vai se restringindo e impondo novas limitações à solução da tal equação. Sempre acompanhadas dos devidos e renovados desafios.

A satisfação de ver surgir e se consolidar cada uma delas é sutil e funciona como indutora do processo.

Restrições, desafios e soluções

Habilidade é algo que sempre valorizei. A de fazer rápido e bem-acabado valorizo ainda mais. Fazer alguma coisa com recursos limitados assume a condição de proeza, de competência adquirida por esforço próprio, de determinação e vontade de superar restrições e limites.

Sendo assim, a decisão de fazer bonito, funcional, direitinho, eficiente, simétrico, lisinho, redondo, ergonômico é tanto mais desafiadora quanto mais limitadas forem as condições da tira de bambu e mais elementares forem as ferramentas que compõem a tal equação naquele momento

Refinar o formato do cabo pra obter conforto e firmeza.

Aprimorar a ligação cabo-concha pra obter harmonia.

específico. Nada de ficar evitando enfrentamentos, diminuindo dificuldades e, muito menos, tentando facilitar o trabalho.

Nessa linha, a exigência de simetria pode parecer irrelevante, mas pode ser usada para tentar confirmar a capacidade de obtê-la sem a ajuda de instrumentos. Produzir superfícies côncavas com a ponta de uma lâmina, em substituição a uma goiva, exige muita paciência, mas é outro ótimo desafio.

As curvas resultam da sequência de golpes de foice, de cortes de faquinha ou de desbastes com lixa. Na sua grande maioria, elas surgem naturalmente, sem qualquer intenção explícita. Cada uma delas só continuará existindo e sendo aprimorada se a sua aparência, qualquer que seja ela, estiver se mostrando promissora.

Imagino que tal aprovação deve ser fruto da semelhança que ela possa ter com alguma das centenas de imagens que foram se instalando, sorrateiramente, no meu subconsciente, ao longo de muitos anos. Gosto de pensar que somos um pouco diferentes a cada dia, depois de mais uma nova experiência vivida, depois de ter feito mais uma curva.

Pressupostos e verdades

Sei que o principal instrumento de trabalho, o recurso mais poderoso de um engenheiro de produção, é a capacidade de observação e de compreensão da realidade que esteja pretendendo alterar para melhor.

Como um deles, fui incorporando as observações e experimentações feitas ao longo dos anos, que foram se estabelecendo como referências, todas óbvias, quando trabalho:

- Uma colher pode ter qualquer formato e tamanho;

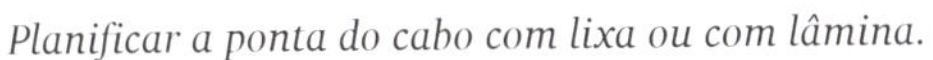

Planificar a ponta do cabo com lixa ou com lâmina.

A ponta mostra as fibras como círculos ou elipses.

• Uma colher é considerada muito boa quando é adequada para mexer pirão, servir pimenta ou um outro uso qualquer;
• Colher bem feita é aquela que não tem defeitos aparentes;
• Os defeitos podem ser dos mais diferentes tipos e expressões, por inadequações de toda ordem;
• O ser humano tem refinada capacidade para identificar defeitos; ele localiza, com facilidade, um pontinho escuro num lençol limpo, a falta de um botão na camisa e outros;
• Muita gente sente prazer em localizar defeitos e, também, em mostrá-los para os outros;
• O ideal é acabar com os defeitos antes que alguém os encontre;
• A existência de um defeito numa colher reduz drasticamente a chance de o colhereiro receber elogios;
• Para tentar acabar com um defeito é necessário, antes de mais nada, conseguir localizá-lo;
• A atividade de identificar defeitos demanda atenção, competência e recursos adequados;
• Conseguir encontrar um defeito disfarçado é motivo para sorrir; Procurar defeito é atividade que exige uma boa dose de humildade e de desapego.

Benditos defeitos

Por defeito entenda-se toda e qualquer impropriedade que possa existir na aparência e no acabamento de qualquer uma das três partes de uma colher, entre duas delas ou nela como um todo. Eles podem ser de qualquer natureza, dos mais diferentes tipos e das mais diversas origens.

Beleza, delicadeza, elegância e precisão surgem em função da exatidão das retas e quinas, da perfeição das curvas e superfícies, do desenho de

Formatar a ponta da concha com cortes precisos.

Refinar a borda da concha com lâmina é desafiador.

cada uma das suas partes, assim como da harmonia e equilíbrio do objeto que elas compõem.

Uma boa parte dos defeitos se expressa como feiuras, esquisitices, dimensões inadequadas, falta de proporção e ortogonalidade, concordâncias imperfeitas, quinas imprecisas, superfícies com calombos e depressões, retas tortas e muito mais.

Sendo uma peça utilitária, também poderão existir imperfeições e inadequações relacionadas com os requisitos de funcionalidade, incluindo resistência à torção e qualidade da pega. Também poderão surgir outras que prejudicam a usabilidade, tais como mexer, raspar, retirar, transportar, servir e enfiar na boca. Ao lado dessas, estão aquelas associadas às exigências de limpeza, guarda e durabilidade.

Procurar, achar e tentar tirar

Definida a forma, o processo de produção é constituído basicamente de duas atividades complementares, realizadas de modo alternado e em ciclos sucessivos: a de identificar um defeito e a de tentar acabar com ele.

Tendo conseguido exterminar um defeito ou sabendo que ele poderá ser sanado mais adiante, o próximo passo é começar a procurar um outro para dar sequência no serviço.

Uma colher será considerada pronta e acabada após o último defeito encontrado ter sido totalmente excluído, exterminado, suprimido, resolvido, escondido, disfarçado, ou outro termo qualquer que indique que se conseguiu fazer o defeito desaparecer aos olhos e dedos das pessoas.

Nessa perspectiva, fazer colher é uma divertida brincadeira que inclui, também, sucessivas tentativas de achar algo que não se sabe exatamente o que seja e, muito menos, onde possa estar. Trata-se de um

Diminuir a espessura da concha melhora seu uso.

Chanfrar a superfície proporciona a visão das fibras.

instigante jogo de "pique-esconde", incluindo a comemoração ao achar um que esteja oculto num encontro de superfícies ou disfarçado numa espessura irregular.

À medida em que o processo de exterminar os defeitos avança, as imperfeições ainda existentes vão perdendo expressão, sendo necessário recorrer a recursos de avaliação mais potentes para encontrá-los mais facilmente.

Os caça-defeitos

Gosto muito do ditado "quem não tem cão caça com gato". Trata-se do principal mandamento do chamado "seviréu", derivado do famoso "se vira", que adotamos para orientar nossos cinco filhos na busca daquilo que estejam pretendendo realizar. Justificar que não fez ou que ficou mal feito por falta de condições não são atitudes aceitas por aqui.

Ao decidir não recorrer a gabaritos e instrumentos de medição para facilitar a caça às imperfeições, optei por me valer apenas dos meus sentidos e discernimentos. Assim, por necessidade e experimentação, fui descobrindo um amplo e diversificado arsenal de macetes para identificar o que precisava ser corrigido e melhorado, incluindo:

- Olhar de longe: observar uma peça à distância ajuda a analisar o seu todo, a localizar o que não esteja harmonioso, elegante, bonito, equilibrado;
- Olhar sereno e curioso: permite identificar o que esteja impróprio, esquisito, torto, feio, desigual, enfim, o que esteja incomodando, precisando melhorar;
- Fundo escuro: o contraste entre a cor clara da peça e o fundo escuro é recurso poderoso para avaliar o perímetro e a simetria das partes em diferentes posições. Muito útil, também, para conferir a perfeição de retas, curvaturas, quinas, pontas;

Caco de vidro é recurso poderoso pro acabamento.

Raspar bambu com vidro produz fiapos enroladinhos.

- Poder das mãos: possibilita avaliar, de olhos fechados, o balanceamento da peça, e as condições de conforto e firmeza da pega do cabo;
- Pontas dos dedos: fundamental para identificar ondulações nas superfícies ou imprecisões nas quinas, e para conferir acabamento e avaliar suavidade ao tato;
- Olhar de pontaria (com um olho fechado): permite avaliar regularidade das superfícies, linearidade das retas, precisão das quinas, existência de ressaltos e tortices em geral;
- Luz tangencial: recurso de grande potência e utilidade para identificar ressaltos e depressões nas superfícies, que aparecem mais escuros;
- Sons descontínuos ao lixar: poderosos para indicar diferenças na rugosidade das superfícies e das quinas quando lixadas com movimentos amplos e regulares;
- Tremedeiras ao raspar: muito eficientes na identificação de irregularidades e desníveis nas superfícies quando raspadas com lâmina de aço ou caco de vidro;
- Lupa: muito boa para conferir detalhes que a vista cansada não permite;
- Dar um tempo: atitude sábia e recomendável de deixar a peça de lado quando se sabe que ela ainda tem defeito, mas não se está conseguindo identificá-lo;
- Aprovação de Carol: fundamental para considerar que a colher, sobretudo se estiver sendo feita para alguém, esteja pronta e acabada.

Sons do caminho

Sou usuário de aparelhos auditivos. Sempre tive dificuldades em frequentar ambientes barulhentos, ruidosos, como todos os salões de festa de prédios e a maioria dos bares.

Lixar com lixas finas produz superfícies aveludadas.

Friccionar com o cabo da faca faz o bambu brilhar.

Em 2016, recebi um pedido curioso de Cecília Zugaib, que conheci na Suíça. Ela atua na empresa que fabrica meus aparelhos e, por isso, queria que eu gravasse um depoimento sobre os sons no meu processo de trabalho, para reproduzi-lo no seu programa de rádio, em Zurique.

Depois de passar uns dias observando o que acontecia em função dos sons típicos das diferentes etapas do meu processo de trabalho, escrevi, li e enviei pra ela:

> *"Os sons possibilitam somar a capacidade dos meus ouvidos ao que consigo obter com meus olhos, minhas mãos e as pontas dos meus dedos.*
>
> *Mesmo tendo perda auditiva relevante, os sons que me chegam são úteis na escolha dos bambus, na avaliação do desempenho das ferramentas e na aferição das condições de acabamento.*
>
> *Muito cedo descobri que as varas mais velhas e mais secas produzem sons mais agudos do que os verdes e os hidratados. As pancadas com a foice produzem sons vigorosos, que podem incomodar quem esteja perto, mas indicam o grau de dificuldade do processo.*
>
> *Quando estão bem afiadas, as facas cortam a madeira quase sem fazer barulho. As lixas grossas geram ruídos graves e as lixas finas quase sussurram.*
>
> *Alterações dos sons que produzem indicam variação na rugosidade ao longo do que está sendo lixado.*
>
> *Dependendo da ferramenta, raspar a madeira pode produzir sons desconfortáveis e incômodos. Em compensação, os do vidro tirando fiapos do bambu fazem lembrar sons de um violino e informam que o acabamento já está quase pronto."*

Depois de escolher um pedaço de bambu e ir retirando sucessivamante gravetos e lascas até que uma colher fique pronta, muitas delas ficaram para trás.

Do mesmo jeito

Jamais fiz qualquer esboço de colher num pedaço de papel nem fiquei observando particularidades de estilo ou referência. Sempre considerei algo impróprio, uma espécie de pecado capital, tentar reproduzir algo que vi em algum lugar.

Tive uma longa conversa com uma professora universitária da área de artes sobre a origem do desenho das peças que faço. Não chegamos a uma conclusão convergente. Ela entende que o projeto de toda e qualquer colher esteja na minha cabeça, e que os meus gestos, deliberadamente ou não, são orientados por suas especificações e detalhes. Lembro de ela ter argumentado que todos nós mantemos no inconsciente um vasto cabedal de formas, pronto para ser acessado e utilizado na medida das nossas necessidades. Eu tratei de dizer pra ela, rindo, que não me considerava proprietário de tamanho tesouro.

Na verdade, nunca dediquei atenção aos aspectos de peças que eu tenha visto e, muito menos, pesquisei desenhos de curvas, curvaturas, arredondados, superfícies côncavas e convexas.

Fiquei com aquela afirmação na cabeça, tentando encontrar uma explicação consistente e que não dependesse das minhas capacidades de armazenar imagens e de projetar centenas de objetos diferentes.

O Museu Vale, situado no canal do Porto de Vitória, promoveu encontros sobre a produção cultural, que lotaram o galpão maior, com mais de 300 participantes. Em um deles, o estilista e professor Jum Nakao falou sobre o desfile que promoveu na São Paulo Fashion Week de 2004, denominado *Roupa de Papel*, um protesto contra o consumo. Um vídeo mostra as cenas das manequins rasgando as próprias vestes e o enorme impacto que provocaram nas pessoas que cercavam a passarela. As imagens ganharam o mundo e ele entrou no ramo de consultoria em criatividade.

Conversando em casa de amigos, ele me disse que soube das colheres e que gostaria de conhecer minhas motivações assim como meus métodos de trabalho. Contei um pouco da história, das ferramentas e dos bambus, e lembrei de falar sobre uma questão que me intrigava: a dificuldade que as pessoas têm em distinguir as peças que foram feitas há anos das que ficaram prontas recentemente.

A explicação que me deu me pareceu consistente: como os processos construtivos são os mesmos – embora tenham sido aprimorados com o uso de novas ferramentas, a incorporação de habilidades e acúmulo de experiências – os padrões de configuração das peças, que surgiram e se consolidaram nos primeiros tempos, tendem a se manter até o presente. Quando muito, acontecem ganhos no acabamento e no rendimento do trabalho.

Falei pra ele que a satisfação que tenho hoje ao fazer uma peça é bem parecida com a que senti nos primeiros dias.

Plumas de bambu

Foi usando uma faca muito amolada que acabei descobrindo, sem querer, como produzir feixes de tiras meio enroladas, com uma das pontas fininha, que Carol batizou de "plumas de bambu". Elas são obtidas com a lâmina cortando de uma das extremidades até um certo ponto, sempre ao longo das fibras, em diferentes ângulos de ataque, trazendo a faca pra perto do corpo. As pontas quase sempre ficam enroladinhas, seguindo-se um trecho curvo, que vai ficando reto até o ponto onde o corte é interrompido.

O que pode surgir de sucessivos cortes longitunais.

Por mais variada que seja a figura da pluma, o resultado é sempre muito delicado. Ao amarrar várias delas, pode-se obter um arranjo muito simpático, que sempre faz sucesso quando dado de presente.

Corinna Rösner, uma curadora muito relevante nesta história, trouxe de Munique duas arvorezinhas de Natal de madeira clara e macia, encaracoladas, feitas com essa mesma técnica, tradicional na Alemanha. Ela disse que se lembrou delas quando me viu cortando bambu pela primeira vez, lá em Munique.

REVISTA

VOCÊ+

EDIÇÃO 005 • ANO 01 • NOV/2015 • R$ 10,00

A magia das coisas simples

Alvaro Abreu concede entrevista sobre sua arte com bambu, reconhecida internacionalmente

pág. 08

CAPÍTULO 8

COMUNICANDO

Produzir alguma coisa é muito bom para a autoestima. Melhor ainda é perceber que muita gente fica sabendo e se interessa em ver e tocar o que você produziu. No meu caso específico, a difusão de informações sobre o meu trabalho era providência quase que obrigatória para que eu pudesse tirar mais proveito daquilo que tinha feito.

Livre das restrições inerentes às atividades comerciais, certo de que as colheres podiam encantar, foi relativamente fácil divulgar o que havia pra mostrar. Sempre soube que o inusitado e o curioso, além de chamar a atenção, também instigam pessoas a querer agir.

No começo, ajudou muito o fato de eu morar num lugar pequeno e conviver com amigos artistas, jornalistas, cronistas, editores, fotógrafos e cinegrafistas. Ao longo desses anos, tenho contado com a disposição de muita gente para divulgar eventos, fotografar colheres, filmar o cara trabalhando e tudo mais. Felizmente, meus filhos também transitam muito bem nessas áreas. Com os anos, começaram a aparecer convites de editores de jornais, revistas e emissoras de TV de outros lugares, alguns distantes, interessados em informações sobre meu trabalho.

Hoje em dia, a divulgação é realizada diretamente pelo interessado, sem intermediários. Ficou fácil e tentador mostrar o que se fez, onde esteve e com quem, o que ganhou de presente, a comida que vai comer e muito mais. Divulgar os próprios feitos e amores virou parte da rotina de muita gente. Imagino que uma parcela crescente de pessoas adora receber palavras elogiosas dos amigos e seguidores, mesmo que seja um coração vermelho, uma mãozinha amarela fazendo sinal de positivo ou de uma carinha sorridente.

Não sou usuário de emojis, mas vejo que eles estão em expansão e aprimoramento para proporcionar maior facilidade, precisão e impacto do que as mensagens escritas. Todos nós sabemos que uma imagem vale mais do que mil palavras.

Antes mesmo de serem mostradas nas redes, as colheres começaram a ser vistas fora daqui de casa, sobretudo, graças a algumas poucas fotos específicas, feitas por profissionais amigos. Embora possam parecer obras do acaso, golpes de sorte ou jogadas de marketing, muitas coisas boas e inesperadas têm acontecido em função de algumas imagens.

Tenho absoluta certeza de que fatos relevantes da história das colheres aconteceram por conta de umas poucas e boas fotografias.

Em família

Tendo ajudado a montar o laboratório de fotografia da antiga Escola Politécnica da UFES, onde estudei, passei a utilizá-lo nas horas vagas. Tomei gosto pela revelação de fotos em preto e branco e montei o meu laboratório nos fundos da nossa casa. Pedi demissão do estágio que estava fazendo e comprei um ampliador junto de bandejas grandes para fazer fotografias 40 x 60 cm de filhos de gente conhecida. Passei o último semestre do curso de engenharia mecânica atuando como fotógrafo profissional.

No ano seguinte, já morando no Rio de Janeiro, fotografava cenas urbanas e revelava no banheiro, transformado em câmara escura, quentíssima. Com o tempo, comecei a achar que era uma invasão de privacidade e parei de focar nas pessoas que estavam andando na calçada ou sentadas, olhando o mar. À medida em que os filhos foram nascendo e crescendo, fui virando fotógrafo da família.

A partir dos anos de 1990, já de volta a Vitória, fotografar virou atividade corriqueira para o pessoal daqui de casa. Estudante de Comunicação, Manaira, nossa filha mais velha, foi convocada para ajudar na função estratégica de produzir imagens que gerassem boas emoções. Com a velha Minolta que ganhei de presente de um tio, repórter atento e cronista de mão cheia, ela se divertiu fotografando colheres, bambus, além do colhereiro fazendo pose de artista. Isso antes de se mudar para São Paulo, depois que se formou.

Como sou um homem de sorte e tenho muitos filhos, Diana, a nossa caçula, assumiu o posto de fotógrafa oficial, condição que ocupa até hoje. Com ela, já criamos centenas de cenas com colheres, ferramentas, lixas, cacos de vidro, bambus, bancada de trabalho, além de registros de viagens e exposições. São dela as fotos que correram mundo nas revistas e nos catálogos das exposições e muitas das que reinam no meu perfil do Instagram.

Bento, um pouco mais velho do que Diana, atua na produção de vídeos e já fotografou o pai diante de muitas delas, sempre com cara de homem feliz. Ele tem registrado as exposições, ajudando a guardar a beleza das montagens e as emoções das festas de abertura. Dirigiu e montou um vídeo em que faço uma colher do começo ao fim e um outro, bem curtinho, que mostra uma mágica engraçada: de um gomo de bambu que eu solto sobre uma mesa, surgem mais de 25 colherinhas caindo sobre ela. Fez sucesso no Instagram.

Pequenas e poderosas

Foi meu amigo Vitor Nogueira, fotógrafo arisco e ligado, quem fez a foto da contracapa do *Crônica do meu primeiro infarto*, onde apareço desbastando um bambu, com os cachorros deitados embaixo do banco. Ao me dar conta de que precisava de imagens expressivas para divulgar o que estava fazendo, tratei de convidá-lo para fazer fotos das colheres pequenas.

Trabalhamos uma tarde inteira no estúdio dele, sempre rindo, montando e registrando conjuntos diferentes. Isso deve ter acontecido por volta de 1996 e, até hoje, são as fotos que têm maior “sucesso de público”. Difícil alguém olhar para uma delas sem suspirar e gemer.

Numa ida a Belo Horizonte, em 1997, levamos muitas colheres, a pedido de Milton Campos Horta. Ele era um respeitado fotógrafo e dizia que elas eram objetos dotados de elementos atraentes para compor fotografias. Passamos uma tarde inteira no seu estúdio e os resultados confirmaram suas expectativas. É dele a foto da minha foicinha entre duas conchas grandes, que ilustra o convite da primeira exposição delas, realizada em Brasília, e que foi fator determinante para a realização da exposição em Viena, na Áustria.

Uma foto quadrada com mais de 70 colheres arrumadas pacientemente sobre um pano preto chamava a atenção dos visitantes em um evento em Munique, fazendo muita gente querer conferir de perto o que havia ali. Feita por Alex Krusemark, fotógrafo rigoroso e inspirado, consumiu muitas horas na mesa da sala. A conversa correu macia, a ponto de ele se animar a fazer luminárias para vender.

Falta modernidade

Minha mãe não conseguiu aprender a dirigir. Bem que tentou depois da morte de papai. Sua irmã Carmosina, 20 anos mais velha, foi a primeira mulher a guiar um Ford 29 em Cachoeiro. Rubem, o irmão cronista, pessoa reconhecidamente sem jeito, talvez por prudência, preferiu contratar um motorista e parar de dirigir.

Da minha parte, posso garantir que dirijo razoavelmente bem, e que tenho boa capacidade para entender e operar sistemas mecânicos. Mas devo confessar minha grande dificuldade com os computadores e demais produtos eletrônicos, aí incluídos os telefones celulares. Talvez por detestar manuais de instrução e não gostar de seguir à risca roteiros passo-a-passo.

Definitivamente não sou um homem digital, daqueles que tudo resolvem com as pontas dos dedos nos teclados e com palavras ditas aos microfones. Tenho uma certa inveja do pessoal que faz uso corrente dessas máquinas sensacionais. Não me sinto peixe fora d'água, mas sei que levo enorme desvantagem em relação aos que dominam esses recursos, tão compactos quanto poderosos. A ironia maior é que sou dos que apoiaram objetivamente a implantação da internet aqui no Espírito Santo, no começo dos anos 1990.

Na internet

A ideia de fazer um site deve ter sido de Rafael, meu filho mais velho. Em uns 30 dias o *www.bambuzau.com.br* estava acessível, com fotografias das colheres e das primeiras exposições e pequenos textos sobre o colhereiro, os processos de trabalho e as ferramentas. O nome, com aparente grafia errada, surgiu da conjugação de bambuzal com Zau Zau, apelido de infância que meu pessoal usa até hoje.

Isso se deu quando os tempos eram de aprendizagem e ingenuidade nas redes sociais. Nos primeiros anos, recebi mensagens gentis, pequenos elogios, indagações sobre bambus e assim por diante. Depois, começaram a chegar e-mails de gente querendo saber onde comprar. Talvez por puro desaviso dos interessados, recebi consultas sobre preços e prazos de entrega. A mais engraçada foi sobre as condições para fornecer 300 mil peças, para dar de brinde na compra de potinhos de comida pra criança. Respondi a todas elas com muito bom humor.

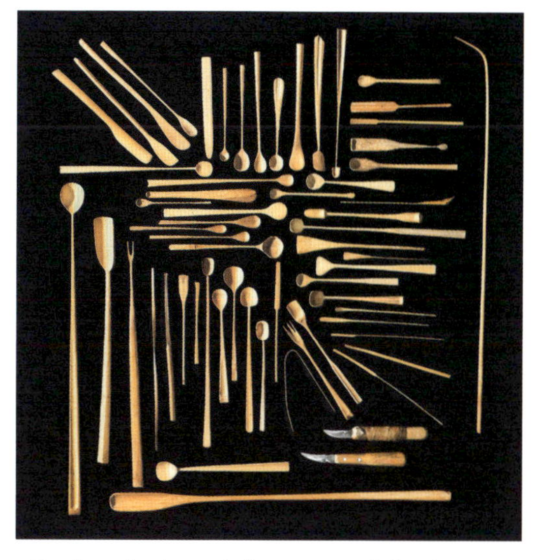

Um dos primeiros painéis com peças de bambu.

A primeira versão do Bambuzau durou muitos anos, até que meu pessoal resolveu dar uma repaginada nele. Fazer uma nova versão, mais completa, em português e inglês, e muito mais refinada. Contratou-se um profissional especializado e fomos à cata de conteúdos sobre as exposições, matérias, entrevistas e crônicas. Deu trabalho para colocá-lo no ar, mas ficamos orgulhosos. Depois de uns poucos anos, as visitas e os comentários diminuíram e nunca mais pude rir de consultas malucas.

Rafael criou uma conta no Facebook, que logo se mostrou uma ótima fonte de informações e de curiosidades em geral. Fui um leitor assíduo no começo. Hoje, vejo ao longo do dia as últimas postagens que não sejam comerciais, de autopromoção e gritaria política.

No final de 2019, ganhei dele um perfil no Instagram, *@bamboo_spoons* para melhorar a difusão do que faço e encontrar quem gosta, quem faz e quem gostaria de aprender a fazer colher. Gente no mundo inteiro. O que ele precisava para abastecê-la eram boas fotografias, o que não falta por aqui.

Impressionante como tem gente fazendo colher por esse mundo afora. As legendas das fotos ajudam a conhecer um pouco sobre quem as publica.

Para ir além da mesmice impessoal, resolvi mandar um *hello* para quem fez as peças que me encantam mais. Sempre recebo respostas amáveis, que abrem espaço para interação. O curioso é que esse contato, mesmo superficial, se mantém firme ao longo do tempo.

Posso dizer que já encontrei um bom pedaço da minha turma e que tenho a impressão de que ainda vou encontrar muitos mais. Gente que faz colher está proliferando a olhos vistos na Europa, no Oriente e nos EUA. No Brasil, ainda são poucos, poucos mesmo, e já andei trocando mensagens com alguns deles.

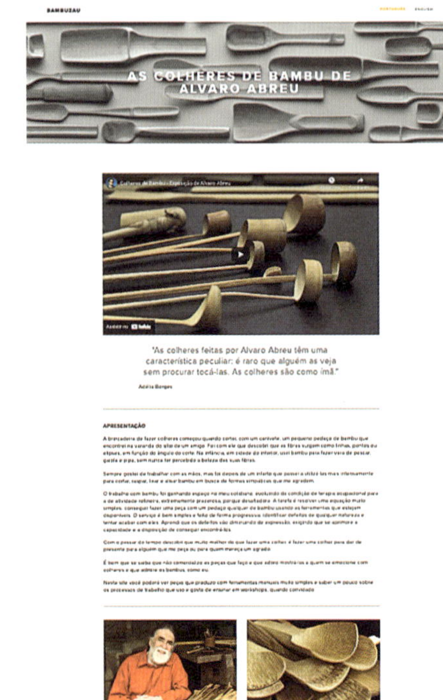

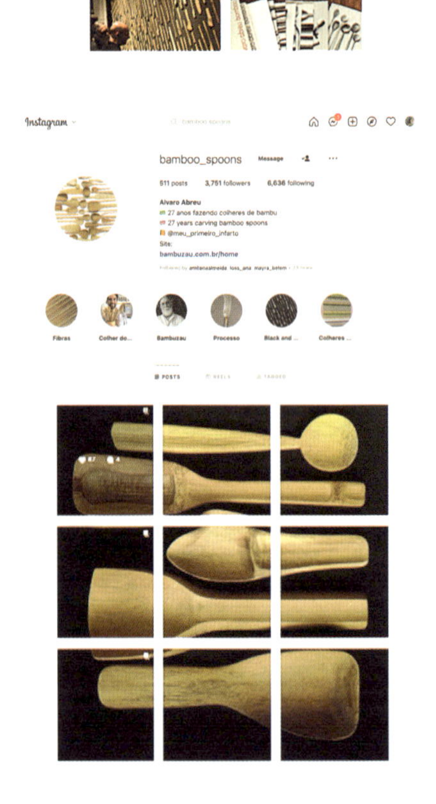

Dá pra ver que há muitos "colegas" competentes por aí. Muitos valorizam seus produtos com apresentações bem cuidadas, de olho nas vendas. Mas acho que a maioria é formada pelos que produzem por curtição. Estes estão sempre com um sorriso no rosto, mostrando o que fizeram como se fosse um troféu. Gostam de mostrar o lugar onde vivem e normalmente aparecem trabalhando em ambientes abertos, dentro de casa ou em oficinas. Muitos estão ao lado de outros, todos fazendo alguma coisa com as mãos. A machadinha é o que usam para fazer o desbaste inicial. Nunca vi gente usando foicinha.

Pelo que vejo nas postagens, são oficinas, encontros, comemorações, feiras e exposições relacionadas com colheres. Ao ler sobre um desses eventos, realizado na Inglaterra, pude ver que o pessoal leva a sério essa atividade e preza pela organização. Usam madeiras de todo tipo. As mais claras devem ser macias, sem fibras, homogêneas, fáceis de trabalhar. Tenho visto madeiras de cores escuras e com veios marcantes, além de outras em estado bruto, apresentadas como espécie de tesouro promissor.

Ao tomar como base o que vejo na internet, a grande maioria das pessoas que usam bambu são asiáticas. Geralmente, produzem peças padronizadas, em larga escala, e vendem para o mundo todo.

Na imprensa

Mantenho muito bem guardadas páginas de jornais antigos, com reportagens e entrevistas completas sobre o tema, algumas delas de quando comecei a brincar com bambu.

A impressão que tenho é que o assunto "engenheiro que faz colheres" tem um certo charme, pelo inusitado. Isso de sair por aí fazendo exposições deve aguçar as ideias de quem define pautas de matérias e deve atiçar a curiosidade dos leitores e espectadores.

Quando o livro *Crônica do meu primeiro infarto* ficou pronto, tratei de encontrar alternativas para promover o seu lançamento no Rio de Janeiro. Saiu uma nota muito simpática na coluna de Danuza Leão, no *Jornal do Brasil*, e fui chamado para falar sobre o livro no *Sem Censura* da TVE, com Leda Nagle, de grande audiência na época. Levei algumas colheres pra mostrar e esticar o assunto, mas não deu certo. Ela não se interessou em mostrá-las ao público.

Saí correndo da bancada do programa pra pegar o avião pra João Pessoa. Um amigo foi me buscar no aeroporto e fomos direto para o restaurante Mangai, onde se come o melhor da comida nordestina. Lá, um senhor incrédulo, quis saber se era eu mesmo que ele tinha visto na TV, poucas horas antes.

Daqui pra lá

Acho que a fama de colhereiro foi se instalando nas redondezas por conta de reportagens, entrevistas e comentários em jornais impressos e em emissoras de televisão locais.

Guardei muitas fitas de VHS com as matérias de TV; ao tentar digitalizá-las, constatei com tristeza que quase todas tinham se deteriorado. Das matérias da TV Educativa, restou a de Gerusa Conti, uma querida há muitos anos. Com tempo de sobra, pude explicar os fundamentos e mostrar na prática o trabalho de fazer colheres.

Em uma outra, dá uma certa nostalgia ver um cidadão meio tímido, com barba já começando a embranquecer, falando do livro que escreveu sobre o infarto que teve e, de quebra, mostrando as colheres que estava fazendo enquanto recuperava as forças e a alegria de viver.

Da reportagem sobre a primeira exposição em Brasília restou pouco. Nela, guiada pela curiosidade do cinegrafista, a câmera vai passando pelas paredes e mostruários enquanto soam palavras inaudíveis que, suponho, sejam minhas.

Na Globo

Foi por obra e graça de meu amigo Itiro Iida, que recebi convite da GloboNews para falar sobre o meu trabalho. Ele havia falado delas para Zé

Mauro, nosso ex-aluno na graduação da UFRJ, que atuava no setor de planejamento da TV Globo. Ele gostou de saber da novidade e, pouco depois, fui ao Rio de Janeiro para dar entrevista à sombra de um dos bambuzais do Jardim Botânico. A jornalista Bianca Ramoneda, que também gosta de colheres, foi quem conduziu a conversa. A matéria ficou muito boa e foi vista em cadeia nacional. Pena que a fita se deteriorou.

Guardo, como troféus, as revistas com matérias sobre o que tenho feito. Em páginas bem diagramadas, fotografias de colheres e textos bem cuidados, ajudam a firmar a fama e a confirmar as histórias.

Nas revistas da terra

O *Caderno D*, revista de cultura do *Diário Oficial do ES*, numa edição de 2013, traz uma matéria intitulada *Homo Faber - escultor do tempo*, de Caê Guimarães, jornalista, escritor e poeta. Ela resultou de uma longa conversa na fresca da varanda sobre evolução e domínio das ferramentas, trabalho manual e, em especial, sobre a recuperação que fiz de uma cadeira de balanço Thonet, encontrada em uma caçamba de lixo. No texto, ele junta tudo, chamando a atenção para o fato de estarmos cada vez mais afastados das atividades manuais.

Aceitei na hora o ultimato do Renato Magalhães, editor da revista

Você+, para falar sobre o meu trabalho. Cachoeirense convicto, sou neto de dois antigos prefeitos da cidade onde nasci. A matéria ocupou quatro páginas e a foto das pequenas conchas ocupou a capa. Achei muito bom que meus conterrâneos pudessem saber o que ando fazendo, algo muito diferente da Feira de Mármore e Granito que ajudei a criar por lá.

De quebra, fiquei emocionado em receber mensagem de Beth França, amiga dos Magalhães, de quem não tinha notícias há mais de 50 anos. E-mail pra lá, e-mail pra cá, ela deu grande ajuda na revisão da versão inicial do texto deste livro, serviço pesado que só.

Nas revistas lá de longe

Ser procurado por jornalistas de outros lugares tem o poder de fazer pensar que seu trabalho extrapolou fronteiras. Foi isso que senti quando recebi a edição 47 da revista *abcDesign*, de Curitiba, que trazia três páginas muito bem diagramadas, um texto primoroso e muitas fotos das minhas colheres. Para aumentar minha alegria, a publicação trazia uma matéria longa sobre o grande artista brasileiro Ziraldo.

A revista *Just for*, de São Paulo, soltou matéria de duas páginas com fotos minhas, do livro de Hans Hansen e de colheres, naturalmente. A revista digital *Bamboo* deu matéria muito completa com fotos e uma longa entrevista que dei para Livia Debbané. Criada nos tempos áureos da Editora Abril – e hoje uma publicação independente – a revista *Vida Simples* é dirigida a um público constituído por "gente que acredita ser possível uma vida mais simples, mais sábia, mais amorosa e feliz", como terminava o editorial da edição de maio de 2003. A lide da matéria de duas páginas informa: *Uma colher de sabedoria, não de sopa*. Achei muito bom reler o que escreveram e mostraram. Parece que foi ontem, de tão atual.

Na tese de doutorado

Em meados de 2020, a consultora de design Silvia Sasaoka me escreveu perguntando como adquirir o livro de Hans Hansen sobre as minhas colheres. Ela está fazendo doutorado no Laboratório de Experimentação com Bambu, no campus de Bauru da UNESP, sob orientação do Prof. Marco Pereira, um bam bam bam no assunto. Mais adiante, ela me entrevistou e me pediu fotos que fiz das fibras de bambu. Em março de 2022, ela escreveu contando que tinha defendido a tese e que nela tem cinco páginas sobre o que andei fazendo.

CAPÍTULO 9

TENTANDO ENSINAR

Sempre aparece gente interessada em aprender a fazer colher, tanto que resolvemos oferecer oficinas como um atrativo a mais nas exposições que organizamos. Algumas vezes, esse interesse veio de pessoas conhecidas envolvidas em trabalho comunitário e outras, no ambiente universitário. Atendi a todas e fui aprendendo como organizar melhor essa atividade, inclusive aproveitando minha experiência de professor para estruturar um roteiro básico, de modo a otimizar as condições e estimular o interesse. Como cada turma é sempre diferente das demais, o único propósito comum é que os participantes aprendam fazendo. Com as próprias mãos.

Toda oficina é momento de trabalho, descontração, diversão e desafios. O participante tenta cortar o pedaço de bambu de um jeito, experimenta outra maneira, testa com outra faquinha, pergunta se está indo direito, pede sugestão, olha a peça de longe para ver se ainda está torta, cava mais um pouco, lamenta que estragou a peça quase pronta, escolhe outro pedaço, começa a fazer outra peça, muda de mesa, tenta com a lixa, mostra o que conseguiu fazer e fica "se achando".

Normalmente, o tempo passa sem que se perceba que a tarde se foi. Quase todos os participantes agradecem a oportunidade de estar ali, por tantas horas, sem pensar em coisas desagradáveis. Sei de muitos que voltaram pra casa sorridentes, levando uma ou mais peças para usar e mostrar o que fizeram com as próprias mãos.

No começo de 2021, uma senhora de Niterói me mandou um e-mail dizendo que sempre se lembra daquele dia inesquecível, vivido há mais de 12 anos no SESC de Copacabana, e pra reafirmar a intenção de promover um na comunidade em que atua. Aproveitou pra falar que usa diariamente a espátula que fez naquele dia. Ensinar um ofício pode propiciar alegrias como a que senti ao ler aquelas palavras.

O primeiro interessado

O moleque era franzino, bem no estilo dos que estão espichando em ritmo acelerado e sem dar tempo de engrossar. Era filho caçula de Cristina, nossa cozinheira, e devia ter uns 14 anos. Ela o trazia por falta de quem pudesse tomar conta dele, lá para as bandas de Jacaraípe, ao norte de Vitória. Para que não ficasse no ócio completo, ela pedia que varresse o quintal, o que ele fazia sem pressa e ânimo. E eu cortando bambu, sujando em volta.

Com o tempo, comecei a notar que ele estava sempre por perto, varrendo ou fingindo que estava varrendo com capricho. Vez por outra eu o pegava no flagrante: vassoura balançando de um lado pra outro e ele de olho nos movimentos das minhas mãos.

Vendo-o muito interessado, abri conversação. O sorriso se instalou e ele foi logo perguntando se eu poderia ensiná-lo a fazer uma vareta, para dar de presente pra namorada. Ganhei sua companhia por mais uns poucos dias. Ele foi a primeira pessoa a se interessar pelo ofício e a ficar prestando atenção ao que eu ia fazendo com foice e faquinhas.

Como era de se esperar, dali pra frente a vassoura ficou encostada numa parede, longe de suas mãos, agora usadas na lide do bambu. Como pouco depois Cristina pediu as contas, fiquei sem notícias sobre a evolução das suas habilidades com as lâminas, se a garota gostou do presente e se o namoro seguiu em frente.

A primeira vez não deu certo

Do final dos anos 1960 até uns dez anos atrás, fui muitas vezes pescar na praia de Comboios, que começa em Barra do Riacho e vai até a Vila de Regência, na foz do Rio Doce. É uma praia aberta, de areia grossa e mar bruto, com 34 km de extensão. Sempre na companhia de Afonso, meu irmão, e amigos de pescaria.

Numa delas, por volta de 1996, Afonso encontrou Bibiu, sua colega na Fundação Cultural, que estava atuando no Projeto TAMAR, das tartarugas, e contou que eu estava fazendo colheres. Foi o bastante pra ela me pedir que ensinasse o ofício para os meninos da vila.

Ao chegar com ferramentas e pedaços de bambu, uns dez meninos, filhos de índios e de pescadores, olhavam pra mim como se eu fosse um tipo estranho de palhaço. Ela, toda animada, nos levou pra uma sombra no seu quintal e fez as apresentações.

Iniciei os trabalhos mostrando as colheres, mas poucos se interessaram por elas. Comecei a desbastar um pedaço com a foice, algo parecido com abrir coco com facão, sem qualquer sinal de atenção. Passei para o serviço com faquinha afiada, depois de distribuir lascas de bambu para que começassem a trabalhar. Não consegui que ficassem atentos ao que eu mostrava. Como eram poucas as facas disponíveis, tinha sempre um tentando tirar a que estivesse na mão do outro.

Antes que alguém se ferisse, achei melhor recolher tudo e dar por encerrada aquela tentativa de capacitar pré-adolescentes cheios de energia e impaciência.

A história de Max

Num belo dia, recebi um e-mail de Lurdinha Castro, jornalista que conhecemos em Brasília, contando, toda orgulhosa, que Max estava dando certo na vida, fazendo peças de bambu pra vender. Ele era um dos meninos com quem eu que havia conversado, anos antes, quando fui visitar o Espaço Compartilharte, instituição que ela havia criado na região de Teresópolis, no Estado do Rio, para atender crianças carentes. Além de alimentar e cuidar integralmente dos menores, ela fazia questão de assegurar ensino regular para os mais velhos e oferecer, ainda que precariamente, formação profissionalizante para um pequeno grupo de adolescentes da redondeza.

Ao saber que eu estava fazendo colheres, ela me pediu para ajudar seu Zé, um dos seus auxiliares, a ensinar o ofício a um pequeno grupo de interessados. Como a vida é bela e cheia de oportunidades para passear, arrumamos as malas, as ferramentas e tomamos estrada. Depois de umas 8 horas e dúvidas sobre o caminho, fomos recebidos com muita alegria. Durante o jantar, ela disse que o sítio tinha muitas touceiras e que gostaria que os meninos pudessem aprender a aproveitá-lo para fazer coisas para vender na feirinha, nos arredores da cidade.

No dia seguinte, cedinho, ela nos levou até um pequeno paiol onde estavam seu Zé e os meninos, todos eles meio espantados, provavelmente com a minha barba e meus cabelos compridos. Notei que um deles tinha no rosto uma expressão muito amistosa. Era o Max.

Ao mostrarem o que tinham produzido nos últimos dias, pude entender o pedido de socorro daquela mulher prática e decidida. Era tudo muito feio e, sobretudo, muito mal feito. Nada daquilo tinha qualquer valor de venda, o que já havia sido comprovado na prática.

Diante de mim, uma questão objetiva: o que ensinar àquelas pessoas pra que pudessem ganhar dinheiro usando as próprias mãos e ferramentas simples? Eu quis saber das dificuldades que sentiam no manejo de um facão, algumas facas de cozinha e um velho formão, e o que gostariam de aprender no pouco tempo que tínhamos pela frente.

Pedi que trouxessem os bambus que usavam e falei como poderiam ser melhor aproveitados, assim como, também, das brocas que comem as peças feitas com varas cortadas fora da época certa. Falei que de nada adiantaria fazer uma peça bonita e valiosa para, logo depois, ser comida pelas brocas. Pior, se vendessem peças com broca, o freguês reclamaria e requereria outra. Seria serviço jogado fora, perda de tempo e de dinheiro.

Falando sobre isso, me veio à cabeça algo muito relevante, que tratei de passar pra eles, em tom dramático: ao venderem uma peça feita de bambu, o seu valor expressa, sobretudo, o valor do tempo que a pessoa gastou pra fazê-la. Em outras palavras, pra deixar claro: o que está sendo vendido é um pedaço da vida de quem a tenha feito. Como a matéria-prima é abundante, o seu valor é praticamente nenhum.

Para complementar, eu fui incisivo ao dizer que uma peça bonita e bem-acabada vale muitas vezes mais do que uma grosseira, feia, com acabamento ruim. Sendo assim, só restava a cada um deles utilizar apenas pedaços livres de brocas, dominar o ofício que escolhessem e primar pelo bom gosto e pela perfeição. Era uma decisão relevante, de grande impacto para o futuro de cada um.

Não haveria alternativa outra que não fosse a de se capacitar e trabalhar com dedicação, de modo a conseguir vender a própria vida a preço de ouro, ou ainda mais do que isso, sempre que possível.

Seu Zé ouviu tudo aquilo calado, balançando a cabeça na vertical. Os meninos ficaram de olhos arregalados. Apenas um deles me deu a nítida impressão de ter ouvido algo determinante para sua vida. Depois que todos saíram, ele quis saber o que mais eu tinha pra lhe dizer. Era o Max querendo saber mais.

Pedi à Lurdinha que cuidasse para que ele fosse ao Rio, para ser meu monitor na oficina que haveria durante a exposição no SESC de Copacabana, prevista para breve. Gostei muito de revê-lo, agora totalmente seguro e dono de si, atendendo as pessoas que pediam sua orientação.

Em Brasília, deu certinho

A primeira experiência animadora de oficina aconteceu em paralelo à – também – primeira exposição que montamos, na Casa da Cultura da América Latina, em Brasília.

Em volta de uma mesa grande, oito pessoas cortaram e lixaram durante uma tarde inteira. O mais animado de todos era um militar de alta patente que estava acompanhado por um solícito ajudante de ordens. Ele já devia estar na reserva fazia um bom tempo e agora vivia num sítio próximo ao Plano Piloto, onde tinha plantado uma touceira de Bambu-balde, conhecido também como Bambu-gigante, por suas dimensões avantajadas.

Em Campinas, esnobaram

Está mais do que comprovado que a expectativa pode frustrar a experiência. Basta lembrar do que aconteceu na oficina que dei para alunos do curso de desenho industrial de uma faculdade em Campinas, interior de São Paulo.

O convite partiu de uma professora que visitou a exposição no Museu da Casa Brasileira, em São Paulo, acreditando que seria muito produtivo para os alunos conversar com quem tinha por ofício criar peças funcionais e atraentes.

Para mim, teria sido uma ótima oportunidade para debater, pela primeira vez, sobre métodos de trabalho, processos de criação, estética, ergonomia, recursos de produção e muito mais. Até então, eu vinha abordando esses temas tangencialmente. Aproveitando a experiência de professor universitário, havia preparado um roteiro especial para seguir na oficina, que imaginei pudesse interessar a quem estivesse estudando design de produtos.

As instalações da Faculdade eram perfeitas, mas o interesse dos alunos era quase nenhum e a interação ficou próxima de zero. A professora

O jardim do MCB é um ótimo lugar pra aprender a fazer colher de bambu.

não sabia o que fazer com a quebra de suas expectativas. Era apenas mais uma atividade acadêmica obrigatória, embora o palestrante tivesse vindo especialmente de Vitória, a mais de 1500 km de distância.

Meu consolo foi ter conseguido aproveitar a viagem para visitar meu amigo Oswaldo Sevá, que estava muito doente.

Quase deu, lá em Manchester

Fiquei muito satisfeito ao saber, por Bebel, do interesse da professora Jane McFadyen, da Faculdade de Arte e Design da Universidade de Metropolitana de Manchester, na Inglaterra, em promover uma oficina e uma exposição das minhas colheres. Se fosse possível, também haveria uma mostra da coleção de colheres do professor Hermann Jünger, agora mantida por sua filha.

Sua principal motivação era sensibilizar e capacitar estudantes dedicados a projetar joias. Fiquei surpreso ao saber que fazer colher é uma atividade acadêmica regular e obrigatória daquele curso de design. Deixei para saber as explicações e os detalhes quando lá estivesse. Infelizmente, contratempos relevantes determinaram o adiamento *sine die* da programação. Como o mundo continua girando, pode ser que um dia aconteça. A vida é cheia de experiências que nos ensinam, algumas positivas e outras nem tanto, assim como de futuras possibilidades promissoras.

Em Vitória, foi ótimo

Pois foi o bendito roteiro feito para Campinas que tomei por base para dar uma palestra para a turma do mestrado em Educação da UFES, convidado por Laércio Ferracioli. Na pauta, os conceitos e valores que adoto no exercício do ofício e que entendo possam ser válidos em situações correntes da vida.

Por quase três horas, a conversa girou sobre os resultados que podem surgir quando uma pessoa ou um grupo leva em consideração alguns elementos norteadores:

- A capacidade de observação e percepção da realidade;
- A importância de conhecer e respeitar limites;
- O aproveitamento e potencialização das possibilidades;
- A capacidade de enfrentamento de restrições;
- O domínio de conceitos, técnicas, métodos e ferramentas;
- O exercício da capacidade humana de criar;
- O compromisso de querer fazer bem feito;
- O poder da determinação e da persistência;
- O direito de errar e de tentar acertar;
- O papel do desafio e do estímulo no processo de aprendizagem;
- A satisfação que brota dos próprios acertos, das descobertas, das realizações e de seus desdobramentos;
- Ninguém fez colher naquele dia, mas posso garantir que foi uma experiência muito proveitosa pra todos nós.

Em São Paulo, tudo de bom

A varanda e o quintal do Museu da Casa Brasileira são perfeitos para abrigar atividades inspiradoras. Estive várias vezes ali para ouvir música boa, aprender com palestrantes entusiasmados e conversar com artistas sobre as obras expostas nos salões. Naquele terreno enorme, visitei estandes e barracas de uma espécie de feira dos produtores, repletas de objetos simpáticos e de boa utilidade.

São dois lugares perfeitos para ensinar a fazer colher de bambu. Em dias de tempo firme e temperatura amena, a didática melhora, o aprendizado acelera e as boas emoções se instalam de vez.

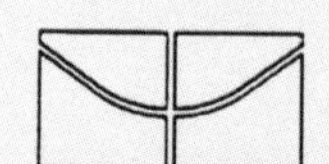

Universidade de Brasília
Decanato de Extensão

A Casa da Cultura da América Latina
convida para a exposição

300 PEÇAS DE BAMBU

Abertura: 29 de abril, às 19 horas
A exposição ficará aberta das 9 às 21 horas,
de 30 de abril a 15 de maio

Galeria da Casa da Cultura
SCS Q.04 Ed. Anápolis, subsolo

CAPÍTULO 10

MOSTRANDO AS COLHERES

Uma colher e um conjunto de colheres impactam as pessoas de maneira bem diferente. Até hoje, me impacta ver muitas delas juntas, umas sobre as outras ou cuidadosamente organizadas em painéis, vitrines e expositores.

Vistas em grande quantidade, elas expressam a passagem do tempo, demonstram dedicação e persistência, indicam que é possível fazer muita coisa com ferramentas básicas. Também atestam habilidade e paciência, liberdade e capacidade de criação, sem contar que mostram a força da diversidade de desenhos. Dá pra dizer que transmitem serenidade.

Muitas histórias relevantes vêm acontecendo por obra e graça do que Carol faz para apresentá-las em exposições, sempre muitas colheres, sempre em conjuntos graciosos e instigantes. Para ela, cada mostra é única e tem objetivos específicos bem como definidos, que demandam projetos personalizados, formulados em função de muitos fatores e condições de realização: características do espaço disponível, disponibilidade de recursos técnicos e financeiros, quantidade e tipos de colheres, público potencial, duração e relação com eventuais atividades em paralelo.

Conhecendo os objetivos de cada elemento da mostra, é muito bom acompanhar, anonimamente, a movimentação dos visitantes e observar as experiências individuais de percepção e as respectivas reações.

Só na butuca

Gosto de ficar num canto vendo as pessoas chegando, sorridentes, numa exposição de colheres, demonstrando curiosidade e sem saber direito o que vão encontrar. Afinal de contas, para a grande maioria, será a primeira vez que irão se deparar com centenas delas juntas, algo bastante inusitado e, até certo ponto, impensável.

Cenas de espanto com exclamações, de ternura com gemidos agudos, de curiosidade com testas franzidas e de estranhamento com olhos arregalados são comuns e muito bem-vindas para quem fez as colheres e, sobretudo, pra quem idealizou e conduziu a montagem.

Algumas pessoas detêm os passos, varrem o ambiente com os olhos arregalados e permanecem alguns segundos com as mãos estendidas para os lados ou apertadas sobre o peito. Pegas de surpresa, atingidas pelo insólito, é provável que nessas horas aconteçam respirações mais profundas e se acelerem os batimentos cardíacos.

Passado o impacto inicial, instalam-se dúvidas de por onde começar a visitação propriamente dita. Escolhido o percurso, é a vez de sentir emoções específicas, geradas por uma única colher ou um conjunto delas. É aqui que começa a acontecer a magia de cada exposição, algo que surge da definição dos propósitos e das escolhas que vão orientar a distribuição espacial e a estética da montagem.

É comum que visitantes deixem de lado aquelas de aparências usuais para concentrar suas atenções na que lhes pareçam estranhas, esquisitas, curiosas, fora do normal, seja pelo tamanho – muito pequenas e frágeis ou enormes –, seja pela aparência – bojudas, pontudas ou tortas. De uma coisa tenho certeza: vendo colheres maiores, com cabo comprido e concha larga, muita gente se lembra da avó fazendo doce no fogão a lenha da fazenda da infância.

Já vi gente chorando diante de um painel com dezenas de colheres formando uma espécie de nuvem leve, esgarçada, ou de outro, com centenas delas caindo como pingos grossos de uma chuva de vento forte.

O trabalho de fixação das colheres é conduzido sob rigoroso controle, de modo a tirar proveito do desenho de cada uma delas e a garantir conjuntos espacialmente consistentes e harmoniosos. É indispensável que consigam atrair e reter o olhar dos visitantes por mais de alguns segundos.

Como Carol adora criar maneiras diferentes para mostrá-las, nós vamos nos divertindo: eu fazendo colheres, ela desenhando composições atraentes; eu pregando fita adesiva nas peças e ela colocando do jeito que achar melhor; eu ajudando a refinar a angulação e o paralelismo, ela dizendo que ficou ótimo.

Terminada a mostra, lá vamos nós despregar colher por colher da parede, tirar a fita de todas elas e colocá-las na caixa pra trazer de volta pra casa. Satisfeitos e com tudo devidamente fotografado.

Estreia, de carona

Malandrinho, pretendendo ganhar elogios de muitos, resolvi apresentar as colheres, ao vivo e a cores pela primeira vez no lançamento do *Crônica do meu primeiro infarto*. A proposta era fazer uma festa animadíssima no Iate Clube, em Vitória, com banda de rock familiar, comida farta e bebida frouxa, como uma comemoração da vida.

Em função da farta divulgação na imprensa, dos muitos convites e das dezenas de telefonemas, as expectativas eram de que muita gente gostaria de abraçar o sobrevivente. Arrumamos cerca de duzentas colheres, em três mostruários, colocados ao lado da passagem da fila de autógrafos.

Para muito além do esperado, mais de mil pessoas passaram por lá e foram vendidos mais de 400 exemplares. A banda Legba, que Afonso rebatizou de "Artéria Entupida" na ocasião, estreou com grande sucesso de público, com muita gente dançando diante do palco. Enquanto a festa corria, eu ia redigindo dedicatórias e recebendo elogios pelas colheres.

Como tinha dado certo, também as levamos para os lançamentos do livro na Casa dos Braga, onde nasci, em Cachoeiro de Itapemirim. Depois, no Palácio do Catete no Rio de Janeiro, cidade onde estudei durante dois anos e me casei; depois, no restaurante Carpe Diem, em Brasília, onde moramos por dez anos; na Casa da Cultura Hotel Globo, em João Pessoa, onde vivemos outros quatro; e no auditório da CEMIG, em Belo Horizonte.

Alegria dos amigos Tommasi ganhado autógrafo.

Caixas de guardar colheres e levá-las pra viajar.

Terminado o périplo, me veio uma certeza: escrever um livro, fazer tantas colheres e produzir momentos de muitas alegrias são atividades altamente compensadoras e, sendo assim, recomendáveis.

Exibidas que só!

Gosto de brincar dizendo que as tais "colheres de ninguém" adoram viajar e que elas ficam doidinhas pra se mostrar em paredes assim como em vitrines mundo afora, além de posar para fotógrafos cuidadosos. Gostam de encantar pessoas sensíveis, intrigar as incrédulas, espantar as desavisadas e atordoar quem nunca viu tantas delas, em uma mesma parede, formando harmoniosos conjuntos.

Tem sido tarefa difícil selecionar as que estarão na exposição que se aproxima. Ainda mais quando a quantidade é menor, por imposição das condições de montagem e do partido que Carol queira adotar. Isso mesmo, eu faço as colheres e é ela quem define como elas serão apresentadas. Eu até dou sugestões e ajudo a selecionar as que podem ir, mas é dela a palavra final sobre quais as que irão à festa.

Bento gosta de contar que ouviu de mim no almoço de comemoração pelos 40 anos de casados a seguinte explicação: "O segredo pra ficarmos casados por tanto tempo é uma questão de beleza e paciência. Beleza quando sua mãe concorda comigo e paciência quando ela não concorda".

BRASÍLIA Casa da Cultura da América Latina

A primeira mostra só das colheres aconteceu na sede da Casa da Cultura da América Latina, da Universidade de Brasília, em abril de 1997. Até hoje, acho que a principal motivação do convite de Renée Simas, nossa grande amiga e diretora da Casa à época, foi mostrar o que eu estava fazendo para os amigos que tínhamos deixado na Capital Federal.

A exposição ocupou trê sparedes de uma sala ampla. Eram umas 300 colheres, delicadas e pequenas, além de umas poucas enormes, parecidas com as conchas usadas nas antigas vendas do interior.

Com uma fotografia da foicinha colocada entre duas conchas arredondadas enormes, em fundo preto, feita por Milton Campos Horta, Renée produziu um convite muito expressivo que foi entregue em mãos aos amigos e enviado pelos Correios pra muita gente conhecida. Muitos amigos estiveram na abertura da exposição e durante os poucos dias que ela durou. Pela primeira vez, senti uma sensação muito agradável, ao confirmar que as colheres tocavam muita gente.

Em janeiro de 1973, recém-casados, fomos morar em Brasília e lá ficamos por bons três anos. Eu trabalhando no Ministério da Educação e Carol estudando Desenho e Plástica na UnB. Após quatro anos em João Pessoa, passamos mais sete na Capital Federal, agora uma cidade plena e com acesso a muitos lugares aprazíveis ao redor, cerrado adentro.

Renée chegou em Brasília antes da sua inauguração. Professora de artes, criou uma escolinha onde Manaira e Bebel desenvolveram a percepção e o gosto pelas formas e cores.

VIENA **Museum für Völkerkunde**

No verso do convite para a exposição em Brasília que mandamos para Ricardo e Tininha Seidl, amigos desde 1970, que moram na Áustria, escrevi uma mensagem direta, do tipo: "Que tal a gente fazer algo parecido aí em Viena? Seria uma boa desculpa pra gente ir passear aí."

Tininha, arquiteta e pintora nas horas vagas, mostrou-o para o diretor de uma instituição dedicada à cultura latino-americana. Na falta de agenda disponível para abrigar uma mostra, ele ofereceu a oportunidade ao diretor do *Museum für Völkerkunde*, de etnologia.

Talvez por também ser um apreciador de colheres, disponibilizou, de imediato, o saguão da entrada principal do museu para abrigar uma mostra delas feitas por um brasileiro desconhecido. Marcou a abertura para a primeira semana da primavera, em maio de 1998. Seria uma exposição relâmpago, de fim de semana, sob o título *250 Bambus Objekte*.

Entusiasmada, ela nos contou que era um lugar maravilhoso e imponente, de pé direito enorme e piso adornado com mosaico de mármore. Animada, criou um cartaz muito simpático para ajudar na divulgação e saiu afixando em paredes de lugares conhecidos. Quando a vimos no aeroporto, tinha os olhos brilhando por nos encontrar e pelo que iria acontecer.

No começo da manhã

Ricardo estacionou em frente à porta principal do Museu, situado numa praça enorme, onde se pode alugar charrete para passear pelo centro de Viena. Era pouco mais de 9 horas da manhã de uma sexta-feira e estávamos entusiasmados, mas sem saber exatamente o que nos esperava. Ao descer do carro, ficamos embasbacados diante daquele prédio enorme, ligeiramente côncavo. Nas minhas contas, ele devia ter uns 200 metros de fachada e uns 15 de altura. Embora avisado, eu não imaginava encontrar algo assim.

No momento em que retirava a caixa com as tralhas do bagageiro do carro, vi a roda de uma bicicleta encostando no parachoque do carro e a voz de um homem:

– Bom dia, Alvaro Abreu! O que fazes nesta terra tão distante?

O sotaque era carregado, mas a voz era perfeitamente conhecida. Era de Hartsfield Urhnjak, um austríaco cheio de energia que morou muito tempo em Vitória e que criou o restaurante Taurus, na rua onde morei durante muitos anos.

No Brasil, ele era conhecido como Jorge, mais fácil de pronunciar. Ele tinha sido casado com Luisah Dantas, decoradora super competente, que me havia dito, com sua convicção de sempre, algo que ficou martelando na minha cabeça: "Os europeus vão adorar as suas colheres. Trate de arranjar um jeito de levá-las pra lá". Tão espantado com a coincidência quanto eu, ele disse que estava dando uma volta para aproveitar o solzinho daquela linda manhã de começo da primavera. Fazia tempos que a gente não se via e eu nem sabia que ele tinha voltado pra Viena.

Quem diria?

As colheres provavelmente se sentiram muito chiques naquelas caixas de vidro colocadas sobre pedestais, que formavam uma grande elipse no centro do saguão. Jatos de luz discretos, vindos do alto, valorizavam o que estava iluminado, em contraste com a penumbra no resto do ambiente. A visitação não foi lá essas coisas, pois certamente as pessoas estavam muito mais interessadas em passear sob o sol radiante daquele fim de semana.

Amigos na calçada do museu.

Um fotógrafo, amigo de Ricardo, filmou tudo, de todos os ângulos. A ideia era fazer um documentário que pudesse ser visto por muita gente e que, também, nos trouxesse de volta nossas emoções sempre que víssemos as imagens. Lamentavelmente não deu certo, por pura imposição da tecnologia utilizada na filmagem, então não disponível no Brasil. Restaram apenas umas pouquíssimas fotos amadoras daquele evento, inclusive o primeiro em terras estrangeiras, que incluiu a realização de uma oficina para poucas pessoas.

Instalamos uma grande mesa no centro da tal elipse e passamos uma boa parte do domingo brincando de fazer colher, enquanto os visitantes olhavam as vitrines em volta.

Encerrada e desmontada a exposição, Ricardo nos levou para passear pelos arredores da cidade, para conhecer pequenas adegas, comer em mesas coletivas de restaurantes animadíssimos e festejar os últimos acontecimentos. Depois passamos um dia nos jardins do Palácio de Schönbrunn, onde nasceu a Princesa Leopoldina, que, casada com o imperador Pedro I, veio morar no Brasil em 1817. Também foi o lugar onde viveu a Imperatriz Sissi da Áustria, interpretada por Romy Schneider em filme de grande sucesso nos idos dos anos 60 do século passado.

Por tudo isso, achei por bem recolher pedaços de um bambu fininho de uma touceira que encontrei num canto ermo dos jardins. Como eles estavam verdes, precisei tentar secar um dos pedaços no microondas de Tininha. Por erro na regulagem do forno, a cozinha foi tomada por um cheiro de bambu queimado e uma fumaça densa. Com o que sobrou, fiz várias colheres fininhas e delicadas. Deixei algumas lá e trouxe as demais para manter as lembranças.

A exposição das colheres de bambu e oficina no grandioso saguão do Museu em Viena.

RIO DE JANEIRO **SESC Copacabana**

Em dezembro de 2002, fizemos uma mostra das colheres no SESC Copacabana. Não me lembrava daquele prédio moderno, construído em terreno duplo, afastado da calçada. Fica a duas quadras de onde morei quando fui fazer o mestrado no Rio, em 1971.

Fixado ao lado do prédio, um enorme banner anunciava uma exposição de colheres de bambu. A montagem ocupou uma das três salas do segundo andar. As colheres foram arrumadas em oito vitrines grandes e quadradas, que possibilitavam ao visitante uma boa visão de conjunto. Se a curiosidade apertasse, bastaria dobrar um pouco o corpo para ver os detalhes de alguma delas. Elas tinham sido organizadas de modo diferente em cada vitrine, sempre valorizando e tirando proveito das dimensões assim como das particularidades de cada conjunto. De longe, dava gosto ver as pessoas transitando de um lado para outro por entre aquelas espécies de caixas de segredos.

Deixamos algumas colheres grandes e mais compridas sobre uma bancada, para permitir que o visitante pudesse manuseá-las. Assim, ele podia alisar suas quinas, curvas e superfícies, e movimentá-las como se fossem uma batuta, uma colher de doce ou qualquer outra coisa que a peça o inspirasse a fazer. Ao final da exposição, todas elas estavam lá.

Muitos amigos e parentes estiveram na abertura, deixando suas impressões por escrito no livro de registro de presenças. Uma artista da TV Globo, que ensaiava uma peça em algum lugar do prédio, escreveu palavras que me fizeram sentir importante. Elogios por escrito duram para sempre.

Ofereci uma oficina para 30 pessoas. Não deu para quem quis.

MUNIQUE **Internationale Handwerksmesse - Exempla**

Aos poucos, pela internet e por relatos de amigos, fui me dando conta de que os alemães têm uma relação especial com colher. Já contei aqui do ditado alemão "passar a colher", que significa algo como "passar o bastão" aqui no Brasil, e sua importância não para por aí. Ainda não consegui mais explicações sobre esse traço da cultura germânica, mas já pude confirmar várias vezes, na prática, essa reverência curiosa. Talvez por conta disso é que muita coisa boa relacionada com as minhas colheres acontece em terras alemãs.

Hoje, depois de tantas histórias emocionantes e tantos acontecimentos fora do comum, Munique virou um ponto de referência na minha vida. Ela está ao lado de Cachoeiro, onde nasci, de Vitória, onde vivo, e de La Paz, Bogotá, Rio de Janeiro, Brasília e João Pessoa, onde morei. Isso sem que tenha estado nela mais do que 20 dias.

O contato com Munique começou com a ida de Ricardo Seidl pra lá para fazer doutorado e se reencontrar com suas origens germânicas. Foi levando Tininha e dois filhos ainda pequenos. Trocamos muitas cartas cheias de relatos sobre as experiências de viver em terras alheias.

Na primeira vez em que estive lá, em 1989, assisti, pela TV, à queda do Muro de Berlim, marcando, sob fortes emoções e muitas esperanças, o fim de uma era. Anos depois, recebemos em casa, por alguns meses, Johannes, um típico jovem alemão que resolveu passar um tempo nos trópicos e tentar aprender o português. Foi um período de convívio amistoso e por vezes engraçado para mim, que só me comunicava por sinais, dado meu inglês precário e o meu alemão totalmente nulo. Rir era uma boa opção para passarmos momentos juntos, eu fazendo colheres e ele me fazendo companhia, sempre me observando de relance, enquanto lia um livro.

Heidi Liebermann, nossa amiga pintora, passa os verões europeus em Hamburgo e os brasileiros na Barra do Jucu, ao sul de Vila Velha, onde morou muitos anos, faz tempo. Heidi é uma mulher falante e cheia de energia, que transfere suas emoções para as telas com estilo próprio. Numa dessas vindas, em meados de 2000, ela exigiu, isso mesmo, exigiu que eu providenciasse fotografias de colheres para que pudesse levar para a Alemanha, quando voltasse pra lá.

Como Heidi não aceitou levar colheres, só me restou pedir que escolhesse as peças que deveriam ser fotografadas em preto e branco, segundo sua especificação.

Ela ficou estarrecida quando abri uma caixa grande, fechada há muito tempo, onde estavam umas 800 peças e constatamos que muitas delas haviam sido atacadas pelas brocas. Vorazes, elas tinham feito buracos em muitas colheres, deixando sobre elas um pó bege claro, super fino. Talvez umas duas centenas de peças tenham sido destruídas pelos pequenos insetos de couraça preta e arredondada.

Heidi ficou ainda mais possessa ao ver que eu mesmo não me abalava com aquela cena. Tratei de recolher uma boa quantidade daquele pó, que até hoje uso para calafetar o que for preciso.

Refeita do choque, ela foi comigo para o estúdio de Vitor Nogueira, para fazermos as fotografias. Com calma e precisão, ela foi compondo um a um os conjuntos de colheres para serem fotografados. Passamos uma tarde inteira nessa função, sob o olhar atento de Edson Chagas, amigo e fotógrafo profissional, responsável pelo foco e pelos cliques.

A decepção foi enorme quando, ainda na loja onde deixara o filme para revelar, abri o envelope com as fotos 18 x 24 cm. Elas não tinham expressão alguma, por falta de realce e, sobretudo, de contraste. Com isso, Heidi teve de viajar de malas vazias, e nós voltamos para o estúdio munidos das peças que ela selecionara e as tais fotos ruins, para servirem de referência.

Para nosso total espanto, as novas fotos ficaram tão ruins quanto às anteriores. O dono da loja, um fotógrafo respeitado na cidade, não conseguiu encontrar explicação técnica que justificasse o acontecido.

Para evitar mais demoras, enviei aquelas fotografias ruins, pelos Correios, para Hamburgo. Mandei junto um texto, explicando o ocorrido e pedindo as devidas desculpas pela falta de qualidade das imagens. Ela escreveu de volta, agradecendo, e não se falou mais nisso. Alguns meses depois, ao saber da nossa ida à Europa, Heidi fez questão de que incluíssemos Hamburgo no nosso roteiro.

Sempre entusiasmada e vibrante, ela nos levou para remar caiaque nos canais que enfeitam a cidade e para beber cerveja num bar tradicional da região portuária, bem diante dos navios sendo carregados.

Foi lá que ela nos contou que um senhor de Munique, diretor de uma instituição dedicada à capacitação de profissionais, havia gostado daquelas tais fotografias. Sugerindo que ligássemos para ele, entregou um papel com o número do telefone da casa dele. Só conseguimos falar com a esposa. Ele estava na China. Guardei aquele papel na agenda de telefones e todas as vezes em que via as letras grandes de Heidi eu me lembrava daquele homem, sem conseguir saber o que ele gostaria de conversar.

Algumas voltas depois

Só dois anos depois é que fui saber o que aquele homem queria: Denilson Carvalho, meu sócio, telefonou para dizer que tinha chegado uma carta da Alemanha pra mim. Estávamos passando uns dias em Pirenópolis, no interior de Goiás. Curioso, pedi a ele que abrisse a correspondência. Era um convite para participar da edição de 2002 da *Exempla*, um evento internacional que aconteceria em Munique, no semestre seguinte.

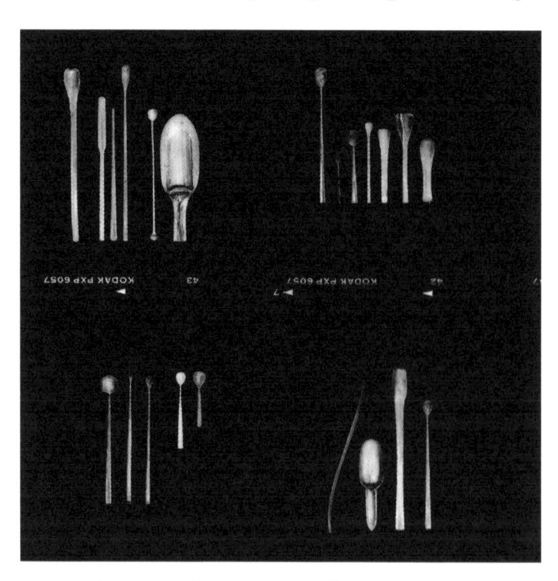

Prova de contato feitas pra Heide levar pra Hamburgo.

A carta estava assinada pelo diretor da *Handwerkskammer für München und Oberbayern*, uma instituição dedicada à excelência do trabalho manual, com atuação na alta Baviera. O nome dele era Peter Nickl, o mesmo que eu carregava na minha agenda, dentro da capanga. Só me restou acreditar na força das fotografias e, sobretudo, no poder do meu anjo da guarda. Entendi que aquilo era meu presente de aniversário.

Muitos anos depois, fui encontrar respostas para as minhas curiosidades ao ler o texto que Peter Nickl escreveu para compor o livro que o fotógrafo Hans Hansen fez sobre as colheres. Ele contou que aquelas nossas fotografias "ruins" o atingiram como um raio e decidiu, na hora, que elas deveriam ser mostradas na *Exempla*, evento que ele organizava anualmente e tem por objetivo central mostrar o que um homem pode fazer com as mãos. Como as edições eram dedicadas a temas específicos, as colheres precisaram esperar até que as madeiras fossem a bola da vez.

É bom saber

Tendo aceitado participar do evento, começaram a chegar informações sobre as condições de montagem e os apoios para viagens, hospedagem e alimentação. Tudo por conta da organização.

Como haveria um catálogo da mostra, pediram que enviasse fotos de boa qualidade das colheres e um texto que informasse as minhas motivações, os processos de trabalho e os recursos de produção que utilizava. Para servir de referência, me mandaram um catálogo da edição anterior, dedicada às ferramentas. Antes dela, uma exposição, sobre o vermelho, tinha mostrado desde lapidação de rubis até produção de telhas de templos orientais.

No nosso ano, em paralelo à *Exempla*, seriam realizadas três mostras competitivas, denominadas *Schmuck*, *Talente* e *Meister der Moderne*, ou seja: *Joias*, *Jovens Talentos* e *Mestres do Moderno*.

Ao todo, essas quatro exposições ocupariam uma área de 5.000 m^2. Uma feira internacional de artesanato seria instalada na outra metade do galpão. Nos outros dez galpões semelhantes, aconteceria uma tradicional feira mundial de produtos de pequenas e médias indústrias.

O lugar era um imenso centro de eventos e exposições, construído na área do antigo aeroporto da cidade, destinado a atrair negócios e visitantes em larga escala. No ano anterior, esse conjunto de eventos tinha recebido 200 mil visitantes durante os seus cinco dias de duração.

No capricho

Diana e Manaira cuidaram da produção de fotos, inclusive de pedaços de bambus de vários tipos e cores. Escrevi o texto sobre o meu trabalho, algo que não tinha feito até então. Rafael ajudou a selecionar as fotografias e insistiu que enviássemos também a de um pote grande feito a partir de um gomo de Bambu-balde, de parede grossa e com fibras à vista.

Em paralelo, era preciso selecionar o que levaríamos e projetar a montagem do estande, tomando por base as informações e desenhos que nos enviaram de lá. Como o propósito do evento era mostrar como as coisas são feitas, levaria também minhas ferramentas e pedaços de bambu em boa quantidade. Os organizadores tinham a expectativa de que os expositores pudessem trabalhar durante uma parte do tempo, o que, para mim, era uma demanda fácil de atender.

Carol resolveu colocar na parede dos fundos do estande uma placa de 250 x 60 cm onde ficariam, lado a lado na vertical, umas 50 colheres compridas, para enaltecer a variedade de formas e a sutileza dos detalhes. Sobre elas, na placa de identificação do estande, estaria escrita, em letras grandes, para que pudesse ser lida de longe a palavra *Bambusllöffel*, "colheres de bambu", em bom português. Como o estande era de esquina, estava garantida a sua leitura de longe pelos visitantes que viessem pelo corredor principal.

Como eu receberia uma boa ajuda de custo, resolvi levar Manaira conosco. Sem dúvida, motivo de grande alegria para ela e de uma certa inveja mansa para as irmãs, que tinham compromissos escolares.

Não custa nada pedir

A filharada e mais uns tantos amigos nos levaram ao aeroporto. Afinal de contas, nem todo mundo sai por aí levando uma caixa cheia de colheres para mostrar lá fora. No saguão, a animação de muitos ajudava a atenuar eventuais tensões dos viajantes.

No meio do alvoroço, Bebel me chamou num canto para me fazer um pedido. Com a melhor cara deste mundo, ela queria que eu conseguisse um estágio para ela lá em Munique, de preferência depois de julho, quando já teria se formado em arquitetura.

Vendo que eu achava graça naquele pedido inusitado, ela foi insistente, argumentando que tinha estudado alemão durante dois anos e era chegada a hora de passar um tempo na Alemanha. Fiz cara de melhor pai do mundo e lhe dei um abraço apertado junto a um beijinho doce.

O desembarque foi tranquilo, mas fomos os últimos a receber a bagagem. Depois de uma boa demora, um policial com cara de trator e sempre com a mão direita sobre uma enorme pistola 45, nos indagou sobre o conteúdo da caixa preta que despachamos. Explicamos que eram colheres para uma exposição e apresentamos a carta que convidava para o evento, e a autorização do Iphan para que elas pudessem sair do país e voltar sem problemas. Ele mal tomou conhecimento daquilo tudo e mandou abri-la, tomando distância e empunhando a arma, sem tirá-la da cartucheira.

Malandro e homem de planejamento que sou, ao fechar a caixa, achei por bem colocar, por cima de tudo, um pedaço de calça jeans, completamente sujo de restos de aço e pedra de amolar que uso na minha bancada. Vendo aquilo, ele mandou fechar e se afastou de nós, sem qualquer sinal de simpatia. No táxi para o hotel, rimos muito da cara de pavor daquele homem, temendo uma explosão mortífera.

Chegando no lugar

Na manhã seguinte, fomos de metrô para o centro de convenções. Um carrinho de duas rodas emprestado com uma caixa preta em cima compunham a cena guardada até hoje na memória, com a ajuda de uma fotografia. Uma outra, da entrada, registra uma bateria de umas 30 roletas para controle dos visitantes, que expressam as dimensões do lugar e a expectativa de público.

Fomos recebidos com muita cortesia pelo famoso senhor Peter Nickl, homem sorridente e de cabelos brancos. Ele disse que tinha gostado muito do texto para o catálogo, por oferecer referências sobre o trabalho com as colheres e indicações sobre o autor. Disse também que éramos os únicos brasileiros ali.

Ao se despedir, pediu que fizesse uma especial para um mestre em design de joias e dono de uma coleção belíssima de colheres, que estava muito interessado em me conhecer. Tudo aquilo aumentou ainda mais a minha autoestima. E o evento ainda nem tinha começado.

A montagem do estande foi rápida. Contamos com a ajuda de um alemão tarimbado e muito seguro. Além de suas habilidades, ele usava uma fita amarela, com uma camada fina e maleável de material colante, ótima para fixar peças nas paredes. Ao final, vendo meu olho grande no rolo de fita, fez questão de me dá-lo de presente.

Catracas de acesso aos pavilhões de exposição de Munique.

A foto de muitas colheres em fundo preto, feita por Alex Krusemark lá em casa, que tinha sido ampliada, ocupou praticamente toda a outra parede, fazendo um belo contraponto com a placa das colheres compridas. Montamos uma vitrine, com muitas peças pequenas e delicadas, na esquina. Uma mesa comprida, com ferramentas e pedaços de bambu, completava a frente do estande.

Na capa

Terminado o serviço, saímos andando pelos corredores, apreciando o que já estava pronto, acompanhando o trabalho dos montadores e vendo o nervosismo dos expositores.

Paramos num estande muito amplo, onde estavam enormes peças delicadíssimas de madeira torneada por um alemão que vive na Itália. As paredes das peças eram finíssimas, a ponto de deixar passar um pouco da luz de uma lâmpada colocada no seu interior.

Pouco mais adiante, encontramos o estande da organização da Mostra. Para nossa surpresa e um riso frouxo, a fotografia do meu pote de Bambu-balde estava estampada na capa do catálogo da *Exempla 2002*, anunciando que algo muito especial nos esperava naquele lugar. Aquilo deve ter sido obra e graça do meu anjo da guarda, que adora fazer acontecer coisas boas.

A explicação que recebi de Peter Nickl era consistente: aquele pote sintetizava o tema do evento, já que ele poderia ser visto como um objeto feito pelo homem e, também, como um pedaço de madeira.

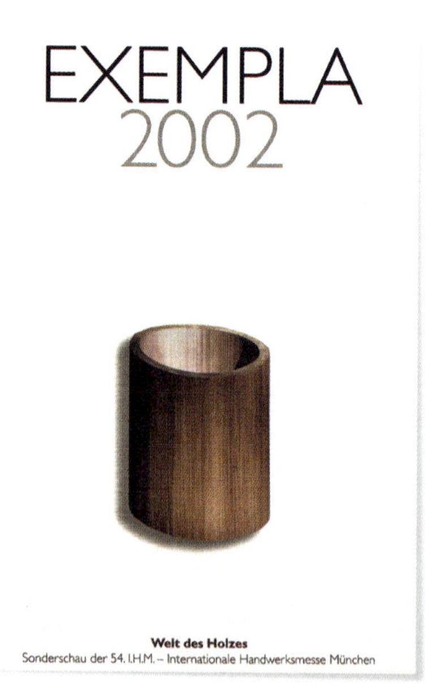

Quando soube do acontecido, Rafael ficou orgulhoso por ter insistido que aquela foto fosse enviada junto com as outras. Lembrei-me que, brincando, eu havia dito que – em caso de haver catálogo –, uma das colheres estaria na capa. Errei por pouco.

Voltamos para o hotel com a alma leve e inteiramente lavada. O que mais poderia querer um camarada nascido em Cachoeiro?

O catálogo da *Exempla 2002* traz matérias sobre trabalhos os mais variados, realizados por gente de inúmeros lugares do planeta. Lá, estão fazedores de cadeiras de balanço, barcos a remo, violinos, móveis sofisticados, trabalhos em marchetaria,

pentes, cestos, potes, toneis pra vinho, telhados de tabuinhas, colheres, cachimbos, tamancos, arcos para instrumentos de cordas, portas, janelas, escadas, assoalhos, armários, pontes, cercas, e muito mais. Ele também mostra o projeto do centro de convenções de Hanover, com sua cobertura de 16.000 metros quadrados e 20 metros de altura, construída inteiramente em madeira.

Ao lado de Peter Nick diante do estande e visitante vendo de perto a placa com colheres compridas.

Tendo ajudado a criar uma feira da indústria de mármore e granito em Cachoeiro de Itapemirim, impressionava a sagacidade de quem resolveu instalar eventos dedicados à excelência do trabalho manual, produção de joias e de arte moderna e contemporânea ao lado de uma baita feira internacional de artesanato. Ainda mais por estarem posicionados logo na entrada, no primeiro dos onze galpões, com os demais ocupados por um evento de pequenas e médias indústrias dos quatro cantos do mundo.

Entendi aquilo como uma estratégia para reduzir custos de montagem e de divulgação. Mais do que tudo, para aproveitar a presença de milhares de pessoas que saíram de onde estavam para ver as novidades. Cansei de ver exposições belíssimas sendo visitadas por reduzido número de pessoas.

Mãos para trás

O primeiro dia da exposição foi impressionante. Era gente que não acabava mais. Pessoas sozinhas, em duplas e em pequenos grupos, de todas as idades. Muitas delas, atentíssimas e curiosas, se debruçavam sobre o peitoril, um cano de ferro que circundava o estande, para ver as colheres mais de perto. O curioso é que ninguém se atrevia a tocá-las. Mais do que isso, a maioria ficava com as mãos para trás, numa clara demonstração de que iriam apenas observar o que estava sobre a mesa.

Sie dürfen unsere
unverkäuflichen Löffel
gerne in die Hand nehmen.

Concentrado no serviço de cortar bambu; a placa autorizando os visitantes a pegarem nas colheres que aumentou a interação no estande.

Vendo aquilo, rapidamente pedi que fizessem uma plaqueta para colocar à vista de quem parasse para ver as colheres. Nela, estava uma mensagem curta e direta, em alemão, que dizia: "Não vendemos as colheres, mas fique à vontade para tocá-las". Como por mágica, a partir daí, passamos a ver caras de espanto, seguidas de expressões variadas, inclusive exclamações e gritinhos variados. Dava gosto de ver o pessoal virando os olhinhos e respirando fundo enquanto alisava uma delas.

A quantidade de pessoas que parava diante do estande variava ao longo do dia. Em alguns momentos, se formava uma grande aglomeração de curiosos, já em outros ninguém se interessava em ver o que eu estava fazendo.

Manaira inventou dois truques para atrair a atenção de quem passava pelos corredores, tomando emprestado o princípio do marketing de que a curiosidade é a alma do interesse. O primeiro consistia em ir para a frente do estande, se debruçar sobre a mesa e ficar olhando com curiosidade alguma coisa que estivesse ali. Na maioria das vezes, o primeiro curioso parava logo em seguida, logo mais um e mais outro. Se não surtisse o efeito satisfatório, seria a vez de usarmos o segundo truque: eu começaria a fazer barulho, cortando um pedaço grande de bambu, com uma sequência de golpes fortes com a foicinha. Este não falhou nem uma vez.

Troca de presentes

Peter Nickl veio trazendo pelo braço um senhor de boa idade, risonho, que vestia terno preto e usava gravata borboleta. Era o professor Hermann Jünger. Na falta de quem pudesse traduzir nossas palavras, só nos restaram sorrisos e gestos de amabilidade.

Entreguei a colher que havia feito na véspera e recebi de presente um belíssimo catálogo da exposição de sua vasta coleção de colheres, que também estava acontecendo em Munique. Nele, estão fotos de peças das mais diferentes origens, épocas, materiais e desenhos, dentre as quais localizei um raspador de coco muito utilizado na Paraíba, que se parece com uma colher.

Tem um cabo de madeira e, presa numa das pontas, uma espécie de concha de metal com a borda cheia de pontas afiadas, que cortam a carne do coco com muita eficiência e rapidez. Sentada, a pessoa coloca o cabo embaixo da perna e vai pressionando e girando a metade do coco nos "dentes" do ralador.

Soube depois que a famosa coleção começou com a colher que salvou a vida do avô dele na Primeira Guerra Mundial. Ela estava no bolso da sua jaqueta e desviou a bala que atingiria seu coração.

Também quero

No terceiro dia de feira, fiquei intrigado com um rapaz, de uns 30 anos, que permaneceu por uns bons minutos, em silêncio e olhar fixo, parado diante da vitrine das colheres pequenas. Vendo seu interesse, o convidamos para entrar e se sentar diante delas. Ele aceitou com cara agradecida e por lá ficou um bom tempo, sem ao menos olhar para os lados.

Depois de agradecer, ele disse que era restaurador e que usava seu tempo recuperando o que outras pessoas fizeram. Explicou que quanto melhor fosse o seu trabalho, mais a sua contribuição deixaria de ser percebida pelo olhar de um observador leigo. Em outras palavras: quanto mais perfeita for a restauração, mais o restaurador desaparece.

Antes de sair, ele me deu um longo abraço e disse palavras que não entendi e foi embora com cara de quem acabara de achar o mapa de uma mina para explorar.

Recentemente, encontrei a mensagem que ele me escreveu, dias depois daquele encontro:

"Você pode me falar qual o lugar no mundo tem a mesma linguagem do seu trabalho? É lá que eu gostaria de estar. No momento, estou em Munique restaurando artigos antigos em madeira, mas acredito que é uma prostituição de minhas mãos, de minha mente e da minha vivência por aqui".

Menina danadinha

Até hoje, guardo uma foto em que uma menina de rosto rosadinho aponta para a concha de uma colher que estou segurando. Nós dois estávamos brincando de achar e tirar as imperfeições daquela peça em construção.

Sem falar nada, usando apenas os olhos e os dedinhos, ela mostrava o que considerava torto, irregular, feio e tudo o mais que a desagradasse. Em seguida, sob seu olhar atento, eu tentava dar um jeito no que ela tinha encontrado. Terminado aquele serviço, eu mostrava a colher para que ela encontrasse outro defeito. Depois de quase uma hora exercendo função relevante na confecção de uma peça, aquela menina pegou a colher que ainda tinha muito a melhorar e lá se foi com a avó, que também aparece na foto.

Seria muito bom se, um dia, a gente se encontrasse novamente e, sorridente e cheia de si, me mostrasse o que estivesse fazendo de bom com as próprias mãos.

Lá de dentro, bem do fundo

No mesmo dia, uma mulher, já com seus 40 anos, entrou no estande e postou-se diante da mesa, sem dizer palavra, olhando para as colheres que estavam ali. De repente, começou a chorar e, em pouco tempo, chorava compulsivamente.

Ficamos completamente sem ação, vendo aquela cena inusitada. De repente, ela saiu apressada do estande. Não demorou e ela voltou, trazendo um homem pela mão. Ela chorava muito e falava alguma coisa pra ele, que se mostrava inteiramente constrangido, sem saber o que fazer. Pelo que vi, ele não achou graça nas colheres, de tão tenso que estava.

Aos poucos, abraçada pelo homem, ela foi se acalmando, acalmando, até recuperar a respiração normal e começar a rir um sorriso envergonhado. Ao sair, totalmente refeita, ela me lançou um olhar de desculpas pelo transtorno e recebeu de volta o meu melhor sorriso de solidariedade. Até hoje, não sei as razões daquelas emoções. Pelo que me disse o professor Hermann, deve ser coisa lá do fundo da sua alma alemã, relacionada com colher.

A melhor ajudante no serviço de identificar os defeitos que já tive em todos esses anos.

Joia italiana

Num outro dia, avistei uma comitiva de gente elegante e alegre vindo pelo corredor central, em direção ao nosso estande. Peter Nickl vinha de braços dados com uma mulher franzina e muito elegante, vestida de preto. Ele me apresentou fazendo reverências e gestos amplos: era Ana Maria, uma designer italiana, que acabara de ganhar o prêmio de melhor jóia da mostra.

Sorrindo sempre, ela se aproximou da mesa, que estava cheia de tiras fininhas de bambu, e me pediu permissão para apanhar a de aparência helicoidal. Uma daquelas "plumas" que surgem quando ele é cortado ao comprido, com uma faquinha amolada.

De posse da que escolheu, ela arranjou um prendedor e, diante de todos, fixou-a no alto do vestido, como se fosse um broche valioso. Agradeceu com um belo sorriso, se afastou um pouco, fez pose de manequim, me deu um beijo e lá se foi toda animada, cercada de gente.

Um tempo depois que voltamos ao Brasil, mandei pra ela seis peças que fiz com Bambuí bem seco. Eu sabia que ela não andava boa de saúde e achei que aquilo poderia fazê-la se lembrar de um dia muito especial.

Trocas de gentilezas

Durante os cinco dias da feira, devo ter feito dezenas de colheres para atender às encomendas do pessoal da organização, de colegas expositores e até de visitantes que, por algum bom motivo, se aproximaram mais de nós.

Devido ao fato de as colheres não estarem à venda e ao meu prazer em fazer uma para alguém que solicitasse, surgiram vários pedidos amistosos, propostas de escambo e, sobretudo, situações para trocas de gentilezas. Ainda me lembro da insistência de Ernst Gamperl querendo que eu lhe desse uma das tortas que estavam expostas. Ele a trocaria por um dos seus maravilhosos potes de parede fininha. Repetia isso sempre que trazia alguém para conhecer meu trabalho. Como não dou pra alguém peças "feitas pra ninguém", prometi que criaria uma colher especial para selarmos o negócio. Ele resistiu firmemente e acabou levando a que tinha escolhido. O potinho que ganhei está na nossa sala e sempre passo a mão em suas paredes aveludadas. Guardo, também, um belíssimo catálogo de sua obra.

Fiz uma de uns 25 cm para Carol trocar pelo anel quadrado que desde então carrega no dedo, e uma outra para Manaira, trocada por um colar moderníssimo. Negócios feitos com dois expositores da feira de design e artesanato que pouco consegui visitar e onde se viam coisas muito bonitas.

Quase todos os que estavam expondo vieram de outros lugares, de outros países. É provável que alguns dos que mostravam peças de artesanato refinado tivessem participado de edições anteriores. Mas nós estávamos ali pela primeira e única vez.

Queremos porque queremos

No quinto dia de exposição, fui procurado por Wolfgang Lösche, o coordenador da *Exempla*, para me falar sobre o interesse do diretor da *Die Neue Sammlung – International Design Museum, Munich*: ele gostaria de adquirir a placa com 52 colheres compridas que estava na parede do estande.

Como sabia que eu não comercializava o que fazia, Wolfang queria minhas orientações a respeito. Vendo que aquilo me pegou de surpresa e me atordoou muito, disse que não havia pressa e que voltaríamos a conversar no dia seguinte. Respirei fundo e pedi que me falasse sobre o Museu.

Ele contou que sua nova sede estava na fase final de construção e que seria inaugurada em quatro meses. Ela foi edificada sob a coordenação do professor Florian Hufnagl, o diretor interessado nas colheres, um visionário que pretendia colocar Munique em lugar de destaque no mapa mundial do design. Suas instalações têm arquitetura arrojada e ocupam 10.000 metros quadrados. A construção foi viabilizada por dinheiros públicos, doações de empresas alemãs e de moradores da cidade.

No dia seguinte, Corinna Rösner, a curadora-chefe do Museu, veio conversar conosco. Era a mulher bonita que eu tinha visto na véspera, olhando de longe para o nosso estande com muita atenção.

Sempre digo que existem algumas pessoas que adoram colheres e, por certo, ela é uma delas. Muito gentil, ela nos contou que todos os anos o diretor e três curadores do Museu percorrem todos os estandes dos quatro eventos pretendendo encontrar objetos e obras dignas de estarem no seu acervo.

O melhor foi ouvir que a tal placa tinha sido a única peça que mereceu a aprovação unânime da equipe. Mais ainda, que o diretor tinha pensado em colocá-las junto a uma famosa coleção de joias doadas por uma família abastada.

Elas cumpririam a função de valorizar o design, dado que o valor do bambu é nenhum, se comparado ao das pedras preciosas e dos metais dos anéis, colares, brincos, broches e pulseiras que estariam lá. Aquelas colheres não voltariam ao Brasil, nem que o Itamaraty exigisse.

Poderio alemão

Corinna fez questão de nos levar para conhecer as instalações do Museu e nos contou que pouquíssimas pessoas conheciam o prédio por dentro, segredo guardado para a inauguração. As obras estavam no final, faltando detalhes de acabamento em alguns espaços. Logo na entrada, uma parede enorme, que ia do piso até o teto do prédio, chamou a minha atenção por sua superfície perfeitamente lisa, mesmo que iluminada por luzes tangenciais. A inexistência de qualquer ondulação atestava o esmero da construção.

Ela nos mostrou tudo, inclusive o lugar especialmente criado para receber a tal coleção de joias, de valor incalculável. Por medida de segurança, ele tinha sido construído no subsolo do prédio. Era uma espécie de bunker, um tubo circular enorme, com uma vitrine de vidro reforçado ao longo de toda a sua extensão. Percorri aquele corredor circular de pé direito baixo, imaginando o espanto dos visitantes ao se depararem com colheres de bambu em lugar tão solene.

Tiramos fotografias ao lado da parede externa do prédio, com o nome do museu escrito um pouco acima das nossas cabeças, ótimo registro da visita.

Deitado na cama do quarto do hotel, eu não conseguia parar de pensar nos últimos acontecimentos envolvendo aquela placa com 52 colheres. Era preciso fazer um certo esforço para acreditar que eram fatos verdadeiros, que não faziam parte de um longo período de delírio meu nem de uma trama insensata de alemães. Ao passar em revista cada um deles, eu conseguia confirmar sua veracidade inteiramente improvável.

Sendo assim, só me restava encontrar contrapartidas consistentes e condições razoáveis para que elas pudessem ser entregues ao Museu de uma maneira apropriada e consequente. Dinheiro vivo, definitivamente, nem pensar.

Contrapartida à brasileira

Vendo mãe e filha conversando animadamente na outra cama, a cena no aeroporto de Vitória de Bebel me pedindo para arranjar um estágio na Alemanha, me veio como se fosse um filme inesquecível. Nela, estava uma engenhosa solução do problema.

O Museu Internacional de Design de Munique impressiona por suas dimensões e arquitetura arrojada.

É fácil imaginar a satisfação aliviada de Corinna quando, no dia seguinte, lhe apresentei o que havia imaginado como contrapartida: que o museu recebesse nossa filha para cumprir um programa de estágio durante alguns meses, com todas as despesas arcadas por nós. Contei que ela iria se graduar em breve e que seu projeto de graduação versava sobre arquitetura de exposições.

O diretor do Museu aceitou de pronto nossa proposta. O acordo entre as partes foi fechado sem a assinatura de qualquer documento, para orgulho dos pais corujas e alegria da nossa moreninha. Feijão com arroz, joelho de porco com chucrute. Bebel passou seis meses sob a supervisão protetora de Corinna, tendo produzido capítulos inteiros sobre colheres na Alemanha, como se poderá ver mais adiante.

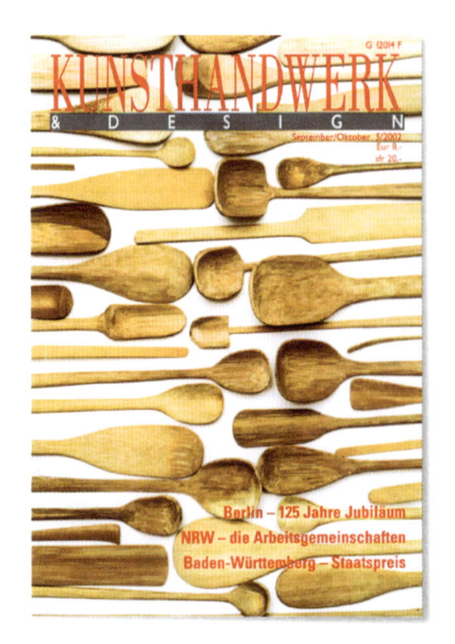

HOCHHEIM

Galerie Rosemarie Jäger

Uma senhora de seus 70 anos, de cabelos prateados e olhar brilhante, pediu licença para entrar no nosso estande e se sentar em uma das cadeiras. Ela se apresentou como galerista e se declarou apaixonada pelo meu trabalho, sobretudo pelas pequenas, as mais delicadas.

Manaira traduzia pra mim o que ela dizia e eu fui gostando da conversa com aquela dama tão distinta. Ela disse que gostaria de expor algumas das colheres na sua galeria de arte, em Hochheim. A mostra estava programada para julho e deveria se estender por dois meses.

Lembro-me que ficou surpresa com a facilidade com que concordei e pedi que escolhesse as peças para levar em mãos, sem qualquer exigência ou garantia. Contei-lhe que uma filha nossa viria passar uns tempos em Munique e que as recolheria quando terminasse a exposição.

Ela abriu um belo sorriso, daqueles que fazem fechar os olhos, e pegou nas minhas mãos, como que selando um acordo sem começo nem fim. Em seguida, escolheu umas 20 colheres, todas fininhas e delicadas. Ela me deu um folheto da sua galeria, onde eu poderia encontrar seu endereço e telefone. O nome dela era Rosemarie Jäger.

Poucos meses depois, recebi, pelos Correios, dois exemplares da edição de setembro de 2002 da revista alemã *Kunsthandwerk & Design*, com a bendita foto feita pelo Vítor Nogueira ocupando a capa inteira. Ela traz matéria de seis páginas sobre uma exposição intitulada *Löffel* ("colher", em alemão). Pelas fotos, pode-se ver que as demais colheres eram feitas de metal.

Não tive mais notícias daquela galerista, depois de me enviar aquele testemunho impresso do sucesso da sua iniciativa. As revistas vieram acompanhadas de um bilhete muito carinhoso, em que agradece por eu ter cedido as colheres em total confiança.

BRASÍLIA **Universidade de Brasília e Caixa Cultural**

Na minha atuação no setor público, sempre constatei que, se procurasse direitinho, com certeza encontraria dinheiro nos orçamentos das instituições e dos órgãos e agências de promoção para realizar o que pretendia. O que faltava eram bons projetos.

Poucos meses depois, foi a vez de expor durante a realização de um congresso brasileiro sobre saúde coletiva. Seus organizadores haviam decidido valorizar o poder terapêutico do trabalho feito com as mãos em apoio a processos de cura de diferentes tipos de enfermidades e deficiências.

Eu mesmo tenho a convicção de que fazer colheres de modo sistemático e despretensioso foi de grande valia para recuperar a minha autoestima e a alegria de viver. Imagino que fui convidado em função dos benefícios que obtive no processo de recuperação do infarto que sofri.

Quando chegamos, fiquei emocionado com o que vi sendo montado no Centro de Vivência da Universidade de Brasília e só aí pude entender a razão do convite que recebera. Eram imagens coloridas impressas em grandes dimensões, todas elaboradas e muito expressivas, que atestavam evolução de percepção, pensamento organizado, além de domínio de técnicas e linguagens.

Eram parte dos resultados obtidos por Cláudia Gunzburger Simas, com ajuda de equipamentos e tecnologias de ponta, no Hospital Sarah Kubitschek, em pouco mais de dois anos de exercícios continuados.

Professora de artes e apaixonada pelo que faz, ela tornou possível aos seus pacientes se comunicarem por meio de composições gráficas, que foram aprendendo a fazer sob suas orientações e estímulos.

Vendo aqueles desenhos e olhando para seus autores presentes, todos satisfeitos e orgulhosos, compreendi que fazer colheres é algo muito elementar, uma atividade que demanda quase nada da enorme capacidade criativa e das habilidades potenciais que o ser humano tem dentro de si. Imediatamente, pedi que elas ficassem expostas ao lado de trabalhos feitos por pessoas que até então não demonstravam capacidade de comunicação com o mundo ao seu redor.

É em mostras como aquela que se pode perceber o tanto de competências e habilidades humanas que deixam de ser exercidas por falta de estímulo de gente como Renée Simas na sua escolinha de arte, e de sua filha Cláudia, que conheci ainda pequena.

Acreditando nisso também, Bebel resolveu inscrever um projeto num dos editais da Caixa Cultural. Pediu e ganhou recursos para passagens, divulgação e montagem de duas mostras de colheres, complementadas por duas oficinas, a serem realizadas nas instalações da Caixa Econômica Federal no Rio de Janeiro e em Brasília, no final de 2010.

Em Brasília, a quantidade de amigos querendo fazer a oficina foi tanta que sobraram pouquíssimas vagas para desconhecidos. A alegria daquele reencontro fez valer a pena o esforço e a correria.

Em ambas as montagens, lançamos mão de mostruários e mobiliários disponíveis, e das paredes e colunas dos salões de exposição. O térreo da agência da Avenida Rio Branco, no centro da cidade, e a galeria do edifício sede, na Capital Federal, estiveram abertas ao público por cinco dias, incluindo o final de semana.

Ao lado de Renée e grupo depois da oficina; e visitantes observando as vitrines na mostra.

VILA VELHA **Museu Vale**

Uma antiga estação de trem abandonada ganhou vida nova quando foi restaurada para abrigar o Museu Vale, que se transformou em lugar relevante para a memória ferroviária e, em seguida, também para a arte contemporânea.

Localizado à beira do canal da baía, no continente, oferece vista espetacular do centro da cidade e do maciço central da Ilha de Vitória, com os armazéns e guindastes do cais do porto, ao lado de uma fábrica de tubos subaquáticos em primeiro plano.

Carretéis enormes, de cores diferentes, navios e pequenas embarcações produzem uma cena linda de se ver. Em 2008, uma grande exposição de autores capixabas foi organizada para comemorar o décimo aniversário de sua existência. Colheres e facas ocuparam parte do andar superior da antiga estação de trem e o antigo armazém de cargas abrigou obras de cinco artistas contemporâneos e do genial Dionísio Del Santo, o homenageado pelo Museu.

Foi um grande evento, com centenas de pessoas entusiasmadas circulando por todo lado, sob o sol de uma manhã de outubro de 2008. Com a curadoria de Ronaldo Barbosa, amigo de longa data, designer que concebeu e dirige o Museu desde sempre, a mostra das colheres ocupou uma das salas de exposições temporárias do prédio da estação.

Resolvemos, depois de muita conversa, que a mostra englobaria quatro composições distintas, cada qual destinada a provocar uma emoção diferente nos visitantes. A primeira, de espanto, pela enorme quantidade de colheres; a segunda, de admiração, ao verem tantas formas diferentes; e, depois, de estranhamento, diante das peças esquisitas. Por último, seria a de ternura, ao contemplarem de pertinho peças pequenas e delicadas, dentro de uma vitrine, como se fossem jóias de bambu.

A ideia de criarmos uma grande superfície feita de colheres, algo improvável e de proporções surpreendentes, surgiu em conversas com meu amigo Hilal. Depois de fazermos algumas contas, vimos que seria possível colocar, lado a lado, 1.300 delas de diferentes formatos e tamanhos, de modo que pudessem ser vistas como um conjunto e também individualmente.

Ao entrar na sala, o visitante se depararia com um painel de 13 metros de comprimento por 1,20 m de altura, ocupando uma faixa contínua de oito metros, na parede à sua esquerda, e mais cinco metros, na da sua frente, colocada em altura confortável para seu olhar.

Para que nenhuma delas sobressaísse, elas seriam colocadas em paralelo, umas ao lado das outras, separadas por poucos centímetros e sempre com o cabo para baixo. Vistas da porta de entrada, formariam uma textura relativamente uniforme. Vistas de pertinho, deixariam suas especificidades à mostra.

A atividade de montar exposição é bem parecida com a de resolver um quebra-cabeça.

Uma por uma, lado a lado

Além de ousadia, foi preciso muita paciência, bom-senso e alguma engenharia para conseguir gerar uma superfície razoavelmente homogênea com peças tão variadas.

Depois de muito matutar, resolvemos começar criando, no chão da sala da nossa casa, um módulo de 100 x 120 cm onde seriam colocadas 100 colheres de diferentes tamanhos.

Tendo selecionado um primeiro conjunto, foi a vez de, com parcimônia, encontrar a melhor posição de cada uma delas em relação às que estivessem ao seu redor. O estoque de mais de 2.500 unidades, que tinha em casa na época, facilitou a escolha daquelas que seriam usadas; porém, ao considerar que cada uma delas estaria em exposição, isto é, bem perto dos olhos dos visitantes, o rigor com o acabamento presidiu o processo de seleção. Peça com qualquer defeito, por menor que fosse, não deveria sair de casa.

Como as conchas ficariam sempre para cima e os cabos para baixo, garantir a precisão dos limites superior e inferior do módulo seria algo fácil. O desafio seria conseguir fixar cada colher de modo a que se integrasse com as que estivessem próximas.

O posicionamento das colheres colocadas no começo de um módulo deveria se relacionar adequadamente com o daquelas ao final do módulo anterior. Só assim ficaria garantida a perfeita transição de um para o outro, numa continuidade fluida, sem divisão entre eles.

Atenção especial deveria ser dada ao posicionamento das que ficariam nas proximidades da quina da sala, encontro das duas paredes. Isso para não prejudicar a homogeneidade das duas superfícies, quando vistas de lado, e para não reduzir a força do impacto, quando vistas frontalmente.

Para garantir uma textura visual homogênea, não poderiam existir manchas em verde claro, da tinta do painel, indicando falta de colheres, ou manchas escuras, resultantes da maior proximidade entre as peças e das sombras entre elas.

Tomadas essas decisões, a atividade seguinte foi a de selecionar e separar, em exatos 100 saquinhos, grupos formados por 13 colheres de tamanho, cor e aspectos similares. Em paralelo, escolhemos aquelas que seriam usadas nos demais conjuntos que comporiam a exposição. Tudo isso deve ter consumido uns dez dias de trabalho.

Trabalheira danada

Decidimos começar o serviço pela montagem das duas paredes, que seria a tarefa mais difícil de fazer e a que demandaria mais tempo. Para facilitar o trabalho, alguém sugeriu montar primeiro cada um dos 13 módulos no chão e, só depois disso, prender as peças na parede. Em outras palavras: posicionar rigorosamente cada conjunto de 100 colheres em uma placa de 100 x 120 cm para, em seguida, ir transferindo uma a uma para a correspondente posição no painel.

Esse processo ficou mais controlável depois que passamos a transferir as colheres das linhas de cima e de baixo do módulo primeiro, para que servissem de referência para as demais.

Apesar de ter facilitado bastante, precisamos trabalhar durante quase três dias seguidos para terminar de montar o painel. Isso contando com a ajuda de Hilal, da minha irmã Beatriz e de uma estagiária do Museu. Na medida em que a faixa de colher ia crescendo na horizontal, parecia que a sala ia diminuindo de tamanho. Antes de terminarmos de montar o décimo módulo, alguém disse que não caberia mais nada naquele lugar.

A concordância da equipe foi unânime: a exposição se resumiria às duas paredes de colher, ficando a montagem dos outros três conjuntos para uma outra oportunidade.

Exceção apenas para o televisor posicionado discretamente no canto direito, fora do olhar de quem entrasse ali. Nele, rodaria o vídeo feito por Lando, artista, fotógrafo e professor, com uma entrevista na qual eu explicava o processo de trabalho.

Impressionante

Uma longa fila de visitantes, que se formou durante horas, virou motivo de orgulho para o colhereiro. Também foi muito bom ver a expressão das pessoas que entravam na sala.

Depois de passado o susto, elas percorriam, sem pressa, toda a extensão do painel, parando diante das colheres que mais lhes chamassem a atenção. Alguns comentavam suas impressões com quem estivesse ao seu lado.

Nesse dia, a sala permaneceu cheia de gente durante horas. Melhor ainda foi receber muitos abraços, beijos e cumprimentos lá embaixo, em pleno sol quente. De parentes e amigos, de gente conhecida e de pessoas que nunca tinha visto. Tenho que confessar que eu estava “me achando”

Dava gosto ver a longa fila de visitantes esperando a hora de ver a faixa com 1.300 colheres e poder observar de perto algumas delas.

naquela manhã. É bom lembrar que sempre tive muito claro na minha cabeça que eu fazia colheres por esporte e, sobretudo, para receber elogios.

Na sala ao lado, estavam expostas facas poderosas de Gustavo Vilar, cuteleiro ainda muito jovem. Ele tinha estado em nossa casa, para me mostrar suas facas e pedir sugestões para sua primeira exposição, num restaurante na Praia do Canto.

Além de dar palpites no texto do folder, insisti que ele dobrasse os preços da tabela que havia me mostrado. Que tomasse por referência o valor que eu tinha pago pelas alemãs, produzidas industrialmente, compradas em viagem recente. Tempos depois, ele me fez uma faquinha de lâmina curva, própria para retirar pequenos pedaços de madeira para fazer o fundo de concha.

Passei uma tarde inteira vendo-o fazer uma faca de aço damasco no ateliê do escultor Villar, pai dele e meu querido amigo. Gustavo dominou o ofício, ganhou fama e foi passar um tempo no Oriente Médio. Acompanho sua produção intensa e diversificada pela internet. Independente disso, ele ainda me deve uma sarda cavala que diz pegar sempre que mergulha em volta de navios ancorados na barra de Vitória.

MUNIQUE **Galerie Handwerk**

Foi o mesmo senhor Wolfgang Lösche, coordenador da *Exempla* de 2002, que me convidou para participar, dez anos depois, da coletiva *The Tree* na *Galerie Handwerk*, situada bem no centro de Munique.

Era mais uma iniciativa do *Handwerkskammer für München und Oberbayern*, ou em português: Câmara de Arte e Ofícios de Munique e Alta Baviera, uma espécie de SENAI que promove a excelência do trabalho com as mãos.

O folder da exposição traz um belo texto sobre a importância da árvore para a humanidade sob os mais diferentes aspectos, a ponto de algumas espécies servirem como símbolo de países e regiões. Foram convidados 45 artistas e artesãos de vários países, que trabalham com madeira.

Em setembro de 2012, enviei 150 colheres de tipos e tamanhos variados para a galeria. Fotos mostram que elas foram dispostas em dois grandes conjuntos, sobre fundo escuro, o que valoriza os detalhes.

Ao final da mostra, junto com as minhas peças, bem protegidas, mandaram também cópias de comentários dos visitantes, escritos à mão e em alemão. Imagino que alguns deles devem confirmar a forte ligação que os alemães têm com colher.

VITÓRIA **Banco de Desenvolvimento do Espírito Santo**

Colheres no Banco é o título da crônica que escrevi sobre a exposição que montamos em 2010 no térreo do prédio do BANDES – Banco de Desenvolvimento do Espírito Santo, onde trabalhei por uns quatro anos, no final dos anos 1980. Naquela época, eu me dedicava à modernização de setores produtivos tradicionais da economia capixaba, começando pelos de rochas ornamentais, metalmecânica e de confecções.

O primeiro chamado foi feito por José Antônio Buffon, seu diretor-presidente, em tom de cobrança amistosa. Fiz corpo mole e desconversei. Minha cabeça estava completamente tomada por coisas da vida e do trabalho. Montar uma exposição mobiliza providências e emoções de toda ordem. A sua segunda investida veio meses depois, por escrito. As palavras eram amáveis, mas não deixavam margem para despistes nem postergações.

Equipe de ouro

Mais uma vez, a família foi convocada a colaborar na realização da mostra, cada qual na sua especialidade: Bebel, para cuidar das questões de produção, projeto e montagem; Manaira, para tratar das peças gráficas e do catálogo; Diana, para fotografar as colheres; Rafael, para atualizar o site; Bento, para filmar a festa e tudo mais; e a mãe de todos, para desenhar a exposição, definir detalhes da montagem e compor as peças, com apoio operante da tia Beatriz.

Desta vez, grande parte do trabalho foi feito à distância, de bem longe, mesmo. O layout da sala e o projeto dos expositores foram definidos por Bebel, a bordo de um barco gaiola que subia o Amazonas. A apresentação da exposição foi escrita e enviada por e-mail por Adélia Borges, lá da Finlândia. O catálogo foi criado em São Paulo e impresso na gráfica de um amigo no bairro de Lourdes. As fotos e os textos foram feitos em casa.

Nem imagino como seria conseguir tudo isso na base da comunicação por envelopes e, sobretudo, sem o telefone celular na mão de cada um. O tempo corria rápido e a lista de providências ia sendo revista diariamente. Ela era extensa: atualizar endereços e e-mails, enviar convites, contratar marcenaria, imprimir as fotos e os textos para serem fixados nas paredes. Também era preciso desenhar e mandar imprimir estandartes, conferir as provas de cor na gráfica e equacionar a iluminação, ajustar a disposição das mesas, sem contar comprar uma camisa bonita.

A trabalheira, as tensões e as expectativas me fizeram lembrar da preparação das primeiras edições da feira de mármore e granito no parque de exposições agropecuárias de Cachoeiro. Foi naquela época que aprendi que, nessas situações, tudo pode dar errado e que coisas essenciais podem faltar.

A abertura da exposição foi um momento emocionante pra quem trabalhou pra que ela acontecesse, quem estava lá pra ver colheres e os que foram reencontrar colegas e amigos.

Colheres chamavam a atenção na fachada do prédio.

O que é isso?

Fotos de colheres, estreitas e com quatro metros de altura, foram fixadas nas laterais das colunas da fachada do prédio do Banco para chamar a atenção das pessoas que passavam pela Avenida Princesa Isabel, a pé e a bordo de veículos.

Olhadas à distância e crescendo ao ritmo dos passos, elas devem ter motivado uma boa quantidade

Jornalista amigo fotografando; Manu conferindo o catálogo; visitantes em festa e a família completa.

de transeuntes a pararem para observar, com alguma desconfiança, o que havia dentro daquele amplo saguão, quase sempre vazio. Vistas pela janela, devem ter atiçado a curiosidade de quem seguia em velocidade no asfalto.

Uma enorme fotografia de bambus, colocada na parede do fundo, anunciava uma exposição de colheres. Pessoas mais intrigadas empurraram a porta de vidro da entrada para conferir o que havia ali.

O livro de presença guarda palavras gentis de muitas delas. Uma moça escreveu que sempre teve curiosidade em saber o que eu tanto cortava enquanto andava de um lado pra outro, na praia da esquerda, na Ilha do Boi.

Ao transcrever essas palavras aqui, pensei que muitos dos seus frequentadores também poderiam ter interesse parecido, ao imaginar que eu tenha sido incorporado à paisagem daquele lugar. Ri sozinho.

Pois, há poucos dias, ao publicar minhas ferramentas no Instagram, recebi um comentário de Raquel Paternostro, que reforça tal suposição:

> *"Cruzar com você nas caminhadas à beira mar na praia da esquerda nas manhãs de dias da semana com uma faquinha desta numa mão e o bambu na outra é parte de minha memória da Ilha do Boi!"*

Para serem vistas de cima

Nesta exposição, Carol dispôs todas as colheres que selecionamos em uma única mesa de uns 6 m de comprimento por 1,50 m de largura. Uma tira de vidro de uns 15 cm de altura foi fixada em todo o perímetro da mesa, de modo a sustentar as placas de vidro que fariam a cobertura daquela espécie de mostruário de relojoaria.

Como não são joias e o vidro poderia atrapalhar a visão dos visitantes, em função da iluminação e das paredes brancas, ela resolveu que bastaria utilizar apenas a tira de vidro em volta da mesa. Por segurança, as quinas deveriam estar bem aparadas. Deu muito certo.

Fotos feitas por Diana registram pessoas tentando tocar nas peças que atraiam sua atenção, mostrando um detalhe para alguém ao seu lado.

Em uma vitrine encostada na parede, as ferramentas faziam a festa: as faquinhas já gastas, a foice paraibana, minha goiva de Governador Valadares, as goivinhas de Viena, as duas lâminas curvas suíças, o serrotinho e a faca de sapateiro. Isso além de pedaços de vidro plano e

O diretor que inventou a exposição e nossas vizinhas de rua apreciando as ferramentas.

de copos quebrados e das minhas lixas enroladas e amarradas com cordão de rede.

Palavras impressas

O catálogo dessa exposição é, sem dúvida, o mais bonito de todos os que já produzimos. A apresentação é assinada por Buffon e traz um pouco das suas motivações:

> *"Não fosse um acidente de percurso impactante – um infarto –, certamente só conheceríamos os atributos intelectuais de Alvaro Abreu. A recomendação médica de uma vida mais calma nos permitiu conhecer um outro talento do inquieto e criativo formulador de políticas e projetos."*

Sob o título Viva, estão as palavras da jornalista e curadora na área de design Adélia Borges, uma querida, de onde recolhi três trechos:

> *"As colheres de bambu feitas por Alvaro têm uma característica peculiar: é raro que alguém as veja sem procurar tocá-las.*
>
> *Em geral, a apreensão visual basta para que saibamos se gostamos ou não de um objeto, se queremos ou não que ele esteja em nosso cotidiano. Mas as suas colheres são como um ímã.*

Mesmo que por um breve instante, estabelece-se uma pausa, um intervalo, em que alguma conexão ocorre entre o ser que passa e de detém e o que ele vê, algo mais fundo do que o consumo fugaz de tantos estímulos visuais a que estamos submetidos em nosso dia-a-dia." (...)

"Esse apelo a uma fruição gratuita, a uma alegria meio "boba", um prazer quase infantil no envolvimento dos vários sentidos do espectador, me parece ser um dos principais méritos dos objetos esculpidos por ele.

Por trás dessa qualidade primordial, está o rigor das formas essenciais, num jogo de repetição e variação que os torna unos no conjunto, ao mesmo tempo em que cada um permanece único." (...)

"Não faz para ganhar dinheiro. Ao recusar-se a transformar as colheres em mercadorias, ele nos interdita a possibilidade de consumir – verbo que corre o risco de definir a sociedade atual, em seu duplo sentido de comprar e esgotar, exaurir.

No intervalo de tempo que paramos para observá-las, é pela afirmação da vida que elas nos encantam e nos fazem suspirar e querer viver."

Registro geral

Mais uma vez, Bento fez um registro muito simpático da exposição. Filmou as colheres, as palavras nas paredes e pediu ao pai que ficasse olhando para o que tinha feito e ajudado a expor ali. Além disso, ele registrou a desmontagem da exposição como se estivéssemos nos tempos do cinema mudo. Pode ser visto em *bit.ly/BambuBANDES*. A mostra foi inaugurada em meados de novembro de 2010 e ficou aberta ao público por 30 dias.

alvaro abreu bamboo
alvaro abreu bamboo

CAPÍTULO 11

O LIVRO DE HANS HANSEN

O desdobramento mais espetacular que ocorreu por conta das colheres merece capítulo específico neste livro. Desse modo, jogo mais luz sobre fatos acontecidos graças à determinação de um homem em materializar, dez anos depois, uma decisão que tomou em 2002.

Não se trata de conto de fadas, mas de história que só acontece com quem tem anjo da guarda disposto e muito atento. Com certeza ela tem um enredo, fora do convencional, que mostra a potência das convicções pessoais, a força dos acasos e das convergências, e a certeza de que é possível fazer o que se deseja, ainda que se tenha de esperar muitos anos.

Essa história começa quando o fotógrafo alemão Hans Hansen veio até o nosso estande na *Exempla*, num momento de poucos visitantes, em que saímos para tomar um café e circular pelos corredores. Manaira foi quem o recebeu.

Quando voltamos, ela nos contou que um senhor magro e grisalho se aproximou de modo muito educado, e se pôs a observar com atenção tudo o que estava à mostra, sempre em silêncio. Para ser gentil, ela lhe estendeu uma colher de cabo longo para que pudesse apreciá-la, mais detalhadamente, em suas próprias mãos. Ele contou que estava expondo seu trabalho na *Pinakothek der Moderne*, no centro de Munique. Pouco depois, ele agradeceu e se afastou, contente como uma criança que ganhou um doce, fazendo com ela movimentos próprios dos espadachins. Manaira disse que ficou sem ação e eu, imaginando a cena, achei graça.

Depois de encerrados os trabalhos do dia, sempre acontecia uma confraternização entre expositores e gente da organização. Nessa noite, uma pessoa da coordenação me procurou perguntando se, de fato, tínhamos dado uma colher para um senhor. Contamos o que havia acontecido e eu pedi que nada dissessem àquele homem que gostava de colher.

Vi, depois, que ele havia escrito três palavras elogiosas e seu nome em letras legíveis no livro de comentários que sempre deixamos acessível aos visitantes. Ao ler aquilo, desenhei um balãozinho de história em quadrinhos e escrevi dentro dele: "este levou uma colher". E não se falou mais sobre isso.

Conforme combinado

O tempo passa, o mundo dá mais algumas voltas e, já instalada em Munique, Bebel foi a Hochheim para buscar as colheres que eu havia emprestado a Rosemarie Jäger.

Um dia, ela resolveu mostrá-las para Pierre Mendell, um designer alemão muito conhecido, de quem tinha virado fã e com quem tinha conversado sobre meu trabalho. Ele era o autor dos enormes cartazes afixados em grandes totens nas calçadas mais movimentadas que anunciavam os espetáculos da Ópera de Munique e as exposições do museu onde ela estagiava.

Mesmo sabendo que não dou para alguém as colheres que faço pra ninguém, ela insistiu tanto que acabei permitindo que ela desse uma daquelas para o designer que tanto admirava.

Ao pedir que escolhesse, ele se recusou, dizendo que elas formavam um grupo harmonioso e não seria ele quem iria desfazê-lo. E disse que adoraria receber uma que tivesse sido feita especialmente para ele. Fiquei achando aquele Pierre um homem sagaz, e atendi ao seu pedido achando graça.

Soube depois que, ao recebê-la, ele permaneceu um bom tempo em silêncio, admirando a peça por todos os ângulos. Em seguida, com cara marota, disse que gostaria mesmo era de ter uma dúzia delas. Isso foi contado por Annette Kröger, sua assistente, a quem ditou o seu desejo. Nesse tempo, Pierre já não conseguia falar, em razão de uma doença degenerativa contraída anos antes.

Quando soube dessa notícia, voltei a ter boa impressão daquele homem, agora pelo tanto de ousadia que vinha junto com seu pedido.

Nas montanhas

Num fim de semana em um sítio em Aracê, na companhia de Ronaldo Barbosa, dei de cara com um potinho de bambu em cima do fogão à lenha. Ele tinha uns 15 cm de altura e uns 13 de diâmetro. Sua parede era grossa e estava seco, bom de trabalhar.

Pensei: é com esse que vou fazer as tais 11 colheres para inteirar a dúzia daquele alemão pidão. Saí de pijama para o quintal e procurei um bom lugar para trabalhar sentado.

Dividi o potinho em 12 pedaços, sendo um deles para fazer uma para guardar de lembrança. Passei a manhã inteira trabalhando, e pensando em Bebel e no seu amigo Pierre. Apesar de serem exatamente do mesmo comprimento, as colheres ficaram bem diferentes umas das outras, como devem ser.

Soube que ele ficou muito emocionado ao receber o presente que completaria sua coleção. Pouco depois, recebi dele uma mensagem com um coraçãozinho vermelho, no centro da página, repleta de linhas horizontais irregulares. Logo depois, tive notícias do agravamento da sua saúde, impedindo que continuasse a criar cartazes maravilhosos.

Pura saudade

Pois foram essas colheres que possibilitaram ao fotógrafo Hans Hansen reencontrar o homem que fazia as colheres de bambu que ele tinha visto durante a *Exempla*, oito anos antes.

Em fins de 2009, amigos de Pierre Mendell se reuniram em seu estúdio, em Munique, para um encontro de saudade. Imagino a figura de Annette, hoje uma espécie de guardiã do acervo e das obras do mestre dos cartazes alemães, recebendo cada um deles com muita emoção.

Não sei quantas pessoas foram, mas fiquei sabendo que Hans saíra de Hamburgo para homenagear o amigo que tinha perdido um ano antes. Ao indagar a origem daquelas colherinhas que estavam sobre a mesa, ouviu de Annette que elas haviam sido feitas

Um coração vermelho de Pierre Mendell.

especialmente para Pierre, pelo pai da moça que levou os seus cartazes para expor no Brasil.

Carta aérea

Pois foi esse homem que me enviou uma longa carta, em alemão, escrita à mão, sem qualquer rasura. Nela, ele dizia que tinha visto as colheres que eu fiz para Pierre e que se lembrou das que tinha visto durante a Exempla. Disse, também, que guardava com carinho a de cabo comprido que ganhou da minha filha. Falou que nunca mais tinha tido notícias de mim e que perdera a esperança de me reencontrar.

Em seguida, com cerimônia e delicadeza, explicou a razão daquela carta: ele gostaria de saber se eu concordaria que ele fizesse um livro sobre as minhas colheres. E foi adiante, dizendo que havia tomado a decisão de fazer um livro já naquela ocasião, lá em Munique. Achou de explicar que uma década era o tempo que seus projetos pessoais precisavam para ser realizados.

Respondi imediatamente, dizendo-me comovido com aquela proposta e que teria muito prazer em recebê-lo em Vitória, para fotografá-las. Contei sobre a possibilidade de usar o estúdio de um fotógrafo amigo. Ele escreveu agradecendo a minha aceitação e dizendo que preferiria fotografá-las em seu estúdio em Hamburgo, onde dispunha de tudo o que precisaria. Se fosse possível, naturalmente.

A desinformação e a ingenuidade fazem o homem cometer imprudências e passar vergonhas menores, sem grandes estragos. Em compensação, o desapego e a confiança proporcionam condições ideais para que se realize algo que pode ser considerado uma pequena loucura ou um ato de ousadia. Foi exatamente por isso que resolvi despachar para Hamburgo, na Alemanha, uma mala com 640 colheres de todos os tipos e tamanhos.

Bebel e Diana, viajantes de prontidão, se candidataram imediatamente a acompanhar a mala recheada, cuidando para que ela chegasse inteira nas mãos de Hans. E prometeram, de pés juntos, trazer todas elas de volta.

Elas foram levando uma outra, que fiz especialmente de presente para ele, e uma longa carta, em que me declarava surpreso e muito emocionado com sua iniciativa, tão fora do comum. Aproveitei para dizer que me lembrava da história da colher que ele tinha ganhado durante a *Exempla,* lá em Munique. No meu entendimento, teria sido ela que manteve latente nele, por tantos anos, o desejo de fazer um livro sobre colheres de bambu.

Trabalho meticuloso

Dito e feito, lá se foram as duas filhas com um plano de viagem turística perfeitamente combinado com o fotógrafo: deixariam as colheres com ele em Hamburgo, passeariam na Croácia e voltariam, uma semana depois, para acompanhar seu trabalho.

O estúdio de Hans Hansen em Hamburgo é espetacular.

A semana em que elas estiveram longe foi o tempo de Hans escolher e montar, com a ajuda de sua assistente e de um auxiliar, 20 conjuntos de colheres sobre placas de 30 x 120 cm. Foi o que as meninas viram quando voltaram ao seu estúdio. Elas contam que as cenas que presenciaram foram mais do que emocionantes, sem falar nas maravilhosas instalações do estúdio.

As peças, milimetricamente dispostas em cada placa, formavam imagens atraentes, resultantes da conjugação de um padrão estético sofisticado e de anos de experiência fotografando objetos.

Suas explicações eram simples e objetivas: ele queria que as pessoas pudessem ver o que ele tinha visto em Munique. Para tanto, as peças tinham que estar impressas em tamanho natural, em verdadeira grandeza, como os técnicos dizem.

Como fazia questão de incluir a maior de todas, com quase 70 cm, a foto deveria mostrá-la adequadamente, com boa margem para respirar, definindo o tamanho de todas as demais. Ele preferiu não usar cores. As imagens em pretos, cinzas e brancos fariam com que o observador se fixasse na precisão dos contornos assim como nas sutilezas das formas e texturas.

Na segunda semana, agora sob os olhares das meninas, Hans, rigoroso e refinado, trabalhou silenciosamente durante cinco dias, seis horas por dia, para fotografar as 20 composições que havia criado. A meu pedido, ele fotografou, também, um arranjo de umas 80 colheres menores colocadas de maneira aleatória umas sobre as outras. Deixá-las em posição natural para serem fotografadas deve ter demandado muitas horas de trabalho minucioso.

Um detalhe impressionante: soube que ele clicou apenas duas vezes para captar a imagem de cada placa com colheres, cada uma delas com uma intensidade de luz específica. A câmera foi colocada a mais de três metros

Diana fotografou Hans trabalhando com afinco durante muitas horas.

de altura, para permitir captar imagens totalmente livres de deformações e de foco imperfeito. Isso porque, se houvesse um defeito qualquer, ele teria que clicar outra vez. Para Hans, photoshop não tem lugar nem vez.

Pura satisfação

Vim a saber, depois, que aquele trabalho era para comemorar os seus 50 anos de carreira como fotógrafo de produto. Seria o seu primeiro livro autoral, por incrível que pudesse parecer. Quando muito, ele havia feito catálogos de suas exposições.

Se a modéstia e a timidez daquele homem escondiam a sua fama de excelente fotógrafo, a organização impecável e as grandes dimensões de seu estúdio davam a medida exata de sua importância no mundo do design e da publicidade na Alemanha.

Diana o fotografou enquanto trabalhava. Muitas das fotos comprovam o que as filhas disseram: aquele homem esguio, de uns setenta anos, exercia o seu ofício sorrindo o tempo todo, talvez por fazer o que sonhara por tantos anos.

Concepção e providências

Feitas as fotos, foi a vez de encontrar quem pudesse colaborar na realização do seu projeto. Hans convidou, para ser o editor do livro, o professor Florian Hufnagl, diretor do *Die Neue Sammlung – International Design Museum, Munich*. Além de profissional reconhecido, ele tinha tido uma participação relevante na história das minhas colheres na Baviera, ao levar um conjunto delas para o Museu, com o objetivo de valorizar a força do design. Imagino que eles conversaram sobre isso.

Hans já estava contando com a participação da designer gráfica Annette na concepção do livro. Para viabilizar a publicação de fotos compridas, ela propôs o formato de leporello. As folhas, em papel pesado, dobradas como uma sanfona, com fotos e textos impressos nos dois lados, ficariam soltas, dentro de uma luva aberta no lado oposto ao da lombada. A luva, feita em papelão reciclado, ganhou a sofisticação do hot stamping cor de cobre para as inscrições e título.

Hans me disse que decidiu incluir no livro meia dúzia de textos, em complemento às suas fotografias. As palavras escritas ajudariam a passar uma visão mais abrangente sobre bambus e colheres, e sobre o colhereiro e seu trabalho. Convidou o designer suíço Franco Clívio, o jornalista Marcus Jauer, o poeta Alex Kufus, o filósofo Hannes Böhriger, e me pediu que indicasse outras duas pessoas.

Não tive dúvida em sugerir Peter Nickl e Corinna Rösner, que falariam com conhecimento de causa, sem precisar ficar procurando palavras nem inventando histórias. Peter foi quem se encantou ao ver fotos ruins das que fiz para Heidi Liebermann e quem me convidou para mostrá-las na *Exempla*. Corinna conhecia muito bem as histórias acontecidas durante aquele evento em Munique e tinha vindo a Vitória para participar do vernissage da exposição de aniversário do Museu Vale, em Vila Velha.

No texto que escreveu para o livro, Corinna conta que ficou muito impressionada com a fila comprida de visitantes interessados em ver 1.300 colheres em duas paredes de uma sala grande. Peter, por sua vez, falou sobre o autor e suas atitudes, antes e durante o evento. Na primeira versão do texto, que ficou além dos limites, ele contou o impacto que teve quando viu as tais fotos ruins das colheres, durante um jantar em casa de amigos, em Hamburgo.

Hans também me pediu que escrevesse um texto com informações sobre processos de criação, métodos de trabalho, ferramentas, bambus e tudo o mais que ajudasse o leitor a compreender aquelas colheres. Escrevi, mas ele achou melhor não publicar. Tenho quase certeza de que foi por conta das palavras generosas que escrevi sobre ele, homem muito modesto que é.

Na apresentação do livro, ele não faz qualquer referência ao enorme trabalho que teve e às relevantes despesas para viabilizá-lo. Nos créditos, aparece como responsável pela concepção e como fotógrafo. O título do livro é *Alvaro Abreu – Bamboo.*

Tim-tim por tim-tim

Hans foi dando notícias sobre o andamento do processo, sempre pedindo opinião. Confesso que meu espanto foi grande quando soube que o livro seria publicado em alemão, inglês e, também, em português. Ele nos mandou os textos, solicitando sugestões de aprimoramento do trabalho feito por uma tradutora portuguesa. Mais adiante, perguntou se acharíamos bom embrulhar os exemplares em papel de seda, o que ajudaria a valorizá-los e protegê-los.

Em seguida, ficamos sabendo que o livro seria impresso numa gráfica especializada em Berlim, distante de Hamburgo. Como o papel escolhido não era dos mais usuais, Hans precisaria viajar até lá para acompanhar o serviço de perto. O curioso nisso tudo é que ele ia dando mostras sucessivas do rigor com que fazia as coisas e de sua delicadeza em conhecer assim como considerar nossas opiniões e preferências. Bebel acompanhou de perto a execução do projeto.

Rigoroso no controle de qualidade, soubemos que ele exigiu que lavassem a máquina porque o papel tinha deixado fiapos, prejudicando a qualidade da impressão das fotos. Para conferir uma tonalidade mais quente, fez com que fosse adicionado ao preto um canal de cor especial.

Quando ele me disse que gostaria de fazer um livro sobre as colheres, imaginei que faria um projeto para captar recursos junto a alguma fonte de apoio e financiamento de iniciativas culturais, o que deveria retardar bastante o início.

Deve ter avaliado o esforço e o tempo que iria consumir, e levado em consideração as incertezas quanto à aprovação. Tanto foi assim que bancou todas as despesas com dinheiro do seu próprio bolso. E elas não foram pequenas.

Ao publicar o livro sobre meu infarto, vivi situação semelhante. Para me livrar da trabalheira e das esperas por decisões de terceiros, propus uma coedição à editora e fiquei com a metade dos exemplares para fazer o que bem entendesse com eles.

Num belo dia, recebemos um e-mail de Hans dizendo que os originais estavam prontos e que mandaria imprimir 500 exemplares para ele, e perguntava se eu gostaria de ter alguns para mim também. Achei que 300 seria uma boa quantidade para distribuir por aqui e assim foi feito.

Como Hans não poderia vir ao Brasil para a abertura da exposição, agendamos o lançamento do livro para três semanas depois, lá no próprio Museu da Casa Brasileira. Podendo fazer duas festas, por que fazer só uma?

Difícil foi esperar que os livros chegassem ao Brasil e que fossem liberados pela alfândega de Santos. Eles só chegaram na véspera do dia do seu lançamento, o que quase matou o nosso pessoal de estresse.

Espera

Em julho de 2012, A Gazeta publicou a crônica *Espera*, que escrevi sobre acontecimentos emocionantes dessa história sem fim:

> *"Finalmente recebi o meu exemplar do livro que eu aguardava faz um bom tempo. Ele foi idealizado há exatos dez anos e desenvolvido durante os últimos vinte e poucos meses.*
>
> *A incredulidade esteve comigo em muitas caminhadas matinais. Bastava considerar as distâncias, o tempo decorrido desde o único e rápido contato pessoal que tivemos, a inesgotável lista de temas que foram preteridos e, sobretudo, os muitos acontecimentos improváveis que marcam essa história.*
>
> *O exemplar de minha filha passou direto pela burocracia e foi entregue poucos dias depois de postado em Berlim. Ela, que havia ajudado a materializar a vontade de uma pessoa que nem conhecíamos, ficou radiante em segurar o livro nas mãos e tentou me mostrá-lo pela internet. Com a autoridade paterna somada à de interessado direto no que havia sido impresso, tratei de proibir que dissesse palavras ou mostrasse imagens. Preferi viver uma ansiedade plena por mais um ou dois dias e poder sentir as minhas emoções, livres de qualquer influência.*
>
> *Até então elas flutuavam ao sabor das notícias esparsas que chegavam da Europa sobre as providências e acontecimentos que se sucediam lá. Jamais perguntei sobre datas ou decisões relacionadas com aquela publicação.*
>
> *A esperança existe. Aqui ela aparecia duas ou três vezes por dia, antes da confirmação de que o livro continuava retido na alfândega, em Campinas. Tive que esperar mais dez dias enquanto o pacote aguardava a liberação. Com tantas negativas, a esperança foi dando lugar à irritação e, em seguida, à descrença, até que a curiosidade venceu o desapontamento, na hora de viajar.*
>
> *Pedi então a Manaira que trouxesse o exemplar de Bebel, quando viesse nos encontrar no aeroporto para seguir conosco para a Paraíba. Eu o recebi na sala de embarque do Galeão. Certamente foi uma cena inusitada para quem viu um homem barbudo, emocionadíssimo e impactado pela beleza das enormes fotografias em preto e branco.*

O livro de Hans foi recebido com total entusiasmo pela família de Iveraldo e Iracema.

Sempre soube, e isso me diverte, que tem gente que adora colheres e que isso pode provocar atitudes surpreendentes. Mas a determinação daquele fotógrafo superava, com folga, tudo o que eu já tinha visto. Hans Hansen é o nome dele."

Uma faísca

A julgar pelo que ele contou para o jornalista Marcus Jauer, pode ter sido o meu impulso em fazê-las sempre diferentes e bem-feitas, movido por uma motivação pessoal, sem qualquer compromisso, despreocupado com o tempo e com o que estivesse acontecendo em volta. O texto que Marcus escreveu para o livro pode ajudar a entender as razões dele:

"Havia lá um homem que entalhava colheres de bambu, me disse Hans Hansen ao telefone. Ainda me lembro que esperei por mais uma frase dele, por algo que destacasse essas colheres de todas as outras feitas em todo o mundo. Mas não. Ele não disse mais nada. Havia lá só as colheres, de bambu e entalhadas. Essa era a história toda.

Hans tinha visto esse homem que entalha colheres pela primeira vez na Feira de Artesanato em Munique. Um homem já de uma certa idade que estava sentado a uma mesa, absorto no seu trabalho, rodeado pelas colheres que já tinha fabricado. Deve ter sido uma imagem estranha ver alguém que, diante de todas as máquinas que haviam tirado o artesanato das mãos do homem para facilitar o seu trabalho, o havia resgatado.

Hans Hansen parou e olhou para o homem, mais pessoas pararam, formou-se um círculo em volta dele e, mais tarde, esses dois homens conversaram. O homem havia começado a entalhar depois de um infarto há vários anos, cada dia uma colher; nenhuma colher é igual à outra. Só o material é o mesmo em todas, são todas feitas de bambu. Nunca vendeu nenhuma..., faz para si.

Dez anos se passaram desde aquele encontro, mas havia alguma coisa nessa história que não deixava Hans Hansen em paz. Estava contida na frase de que havia um homem que entalhava colheres, mas esse fascínio volatiliza-se sempre que tentava descrevê-lo mais detalhadamente. Mesmo assim, todos para quem ele contava pareciam compreender.

Hans Hansen conseguia ver isso no rosto das pessoas. Era como se elas se lembrassem de uma coisa antiga, cada uma da mesma maneira, cada uma de uma coisa diferente. Ainda hoje, em certos momentos, me parece inimaginável que em cada um exista alguma coisa que vá orientá-lo e guiá-lo, se confiar só nisso, se sentar e trabalhar nisso, dia após dia, frase por frase, ou colher por colher, sem ser descuidado.

Foi nisso que pensei quando Hans me contou a sua história. Depois, ele abriu as suas fotos e mostrou-as, e então – eu também pude vê-las."

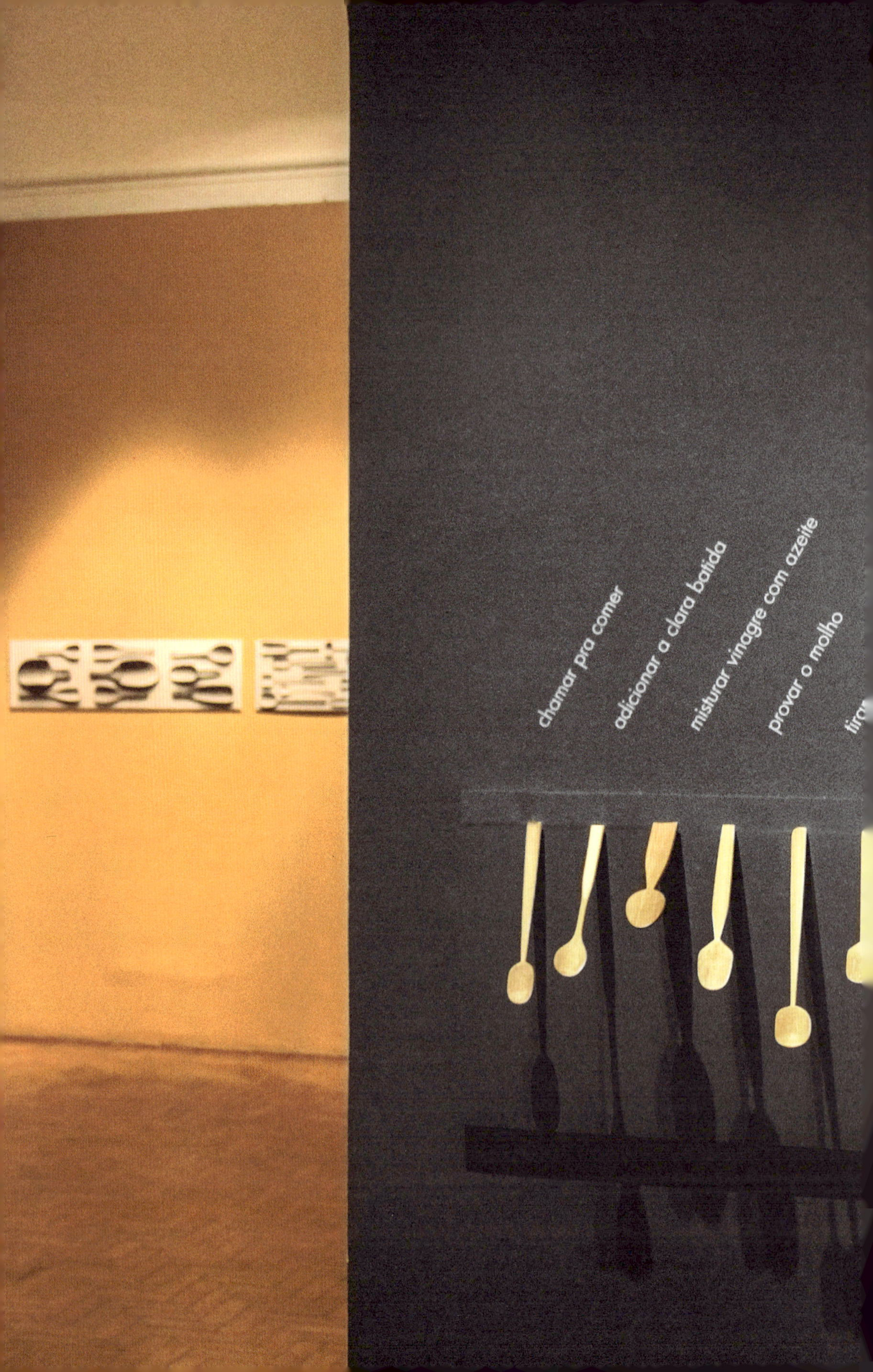
chamar pra comer
adicionar a clara batida
misturar vinagre com azeite
provar o molho

CAPÍTULO 12

EXPONDO FOTOS E COLHERES

Até então as exposições traziam apenas colheres. A partir da publicação do livro de Hans Hansen, passei a incorporar suas fotografias nas que fossem feitas dali pra frente.

Seria uma maneira de homenagear o fotógrafo alemão, difundindo o seu trabalho e ajudando os visitantes a entender o valor das escolhas e do mérito dos que fazem o que gostam com afinco e inspiração. Tem sido uma maneira muito boa de produzir encontros entre as pessoas que se incorporaram à história, onde quer que se apresente uma oportunidade para mostrar o que fizemos. E tem dado muito certo.

SÃO PAULO **Museu da Casa Brasileira**

Por um bom tempo, tentei encontrar uma maneira compatível de retribuir as emoções que minha família e eu sentimos a cada capítulo dessa história mágica. A ideia de convidar Hans para fazer um lançamento da sua obra aqui no Brasil tomou força quando Bebel sugeriu que fosse feito num lugar especial, que pudesse abrigar uma exposição das colheres e das suas fotos. Ela trabalhou durante uns meses no Museu da Casa Brasileira e achou que o pessoal de lá poderia se interessar. Dito e feito: Giancarlo Latorraca, diretor geral, e Miriam Lerner, diretora técnica, adoraram a ideia. Com a aprovação do Conselho, a exposição foi marcada para logo depois, aproveitando uma janela surgida na agenda, em agosto de 2012.

As colheres ficariam nas salas ao lado da exposição *A Essência das Coisas*, do designer alemão Albrecht Bangert. Por uma baita coincidência, ele tinha feito o projeto da exposição permanente do *Die Neue Sammlung*, cujo diretor era o editor do livro de Hans.

Para não ficar dependendo de apoios de fontes oficiais, que sempre adotam seus próprios critérios e cronogramas, decidimos que as despesas com montagem e divulgação correriam por nossa conta. Sempre acreditei que dinheiro em banco serve para garantir nossa liberdade.

A gentileza e a presteza da equipe do Museu estiveram presentes o tempo inteiro: na acolhida do projeto, durante a preparação dos espaços de exposição, na montagem e no atendimento ao público.

De quebra, decidimos de comum acordo oferecer uma oficina sobre fazer colheres, na enorme varanda que dá para o lindo jardim.

É assim que é feito

A direção do Museu disponibilizou três espaços contíguos: um saguão de entrada e duas salas de bom tamanho, com janelas e pé direito alto.

Uma enorme fotografia de bambus amarelos, que cobria a parede inteira no final do corredor, chamava a atenção de quem olhasse para a esquerda logo após entrar no museu.

No saguão, uma vitrine de 2 metros de comprimento por 60 cm de altura oferecia indicações do processo de fazer uma colher usando ferramentas elementares e mostrava o que cada uma delas retira do pedaço de bambu, em cada uma das etapas, dos primeiros golpes até a finalização do acabamento.

Na extremidade esquerda da vitrine, uma tira de bambu, uma foicinha e algumas lascas; na sequência, a forma preliminar da colher, uma goiva e lascas menores; em seguida, uma colher já definida, uma faquinha e lasquinhas; e assim por diante, até uma colher pronta e acabada colocada ao lado de um caco de vidro junto a um montinho de fiapos de madeira fininhos e enrolados.

A função primordial daquela vitrine era mostrar ao visitante que fazer colher é algo relativamente fácil para quem tem mãos habilidosas. Muitas pessoas paravam, intrigadas, diante daquele conjunto, sobretudo após terem visitado as outras salas.

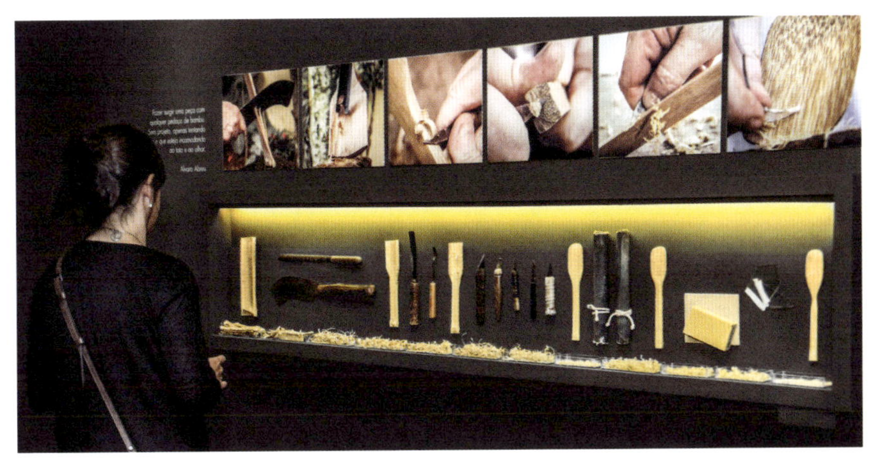

Ao entrar, o visitante se deparava com fotos e uma vitrine com as ferramentas, e o que cada uma delas retira do bambu nos diferentes estágios da elaboração da colher.

Voando em formação

Ao entrar na primeira sala, o visitante se deparava com a cena inusitada que Carol desenhara. Umas 30 colheres, de tamanho médio e aparência similar, pareciam começar a flutuar, logo após terem brotado das duas paredes separadas pelo vão de passagem para a sala contígua. É que apenas a ponta do cabo de cada uma delas tocava o painel, de onde saíam imperceptíveis tiras de metal que as sustentavam.

Elas estavam colocadas lado a lado, com pequenas variações na inclinação, formando uma espécie de onda de colheres, com as conchas voltadas para cima, como que oferecendo alguma coisa a quem passasse por ali.

Da ponta de cada cabo, em diagonal na direção do teto, partia um verso do poema escrito pelo professor Axel Kufus para compor o livro do Hans, indicando usos correntes das colheres:

"abrir um ovo,
medir o chá,
adoçar o meu café,
bater na panela,
atirar fora os caroços de tomate,
acordar vizinhos de mesa,
misturar gesso,
misturar areia fina,
esmagar uma formiga,
bater o tambor para chamar para comer,
insistir em ser ouvido,
seguir o compasso,
dar comida ao ancião,
sorver a sopa bem quente,
ajudar a comer macarrão,
escavar a abóbora,
raspar a tigela,
raspar os restos,
adicionar a clara do ovo batida,
misturar vinagre com azeite,
provar o molho,
desamassar uma mossa,
inspecionar a garganta,
despelar uma verruga,
enterrar o pequeno pássaro,
quebrar um jato de água,
servir-se de recursos ilimitados,
sorver sabedoria,
e equilibrar um ovo cru..."

Passos mais adiante, o visitante encontraria um pote com as usadas na cozinha da nossa casa, colocado em cima de uma base alta. Elas são mais escuras e trazem as marcas do uso bem como das chamas do fogão. Na parede, entre as janelas, podia-se ler:

> *"Tenho visto pessoas sentindo emoções que beiram a ternura diante das minhas colheres de bambu. Em muitas, percebe-se uma saudade de tempos antigos. Há quem, com uma colher na mão, fique mexendo uma panela imaginária, rindo e respirando fundo, como se estivesse sentindo o cheiro do doce de goiaba."*

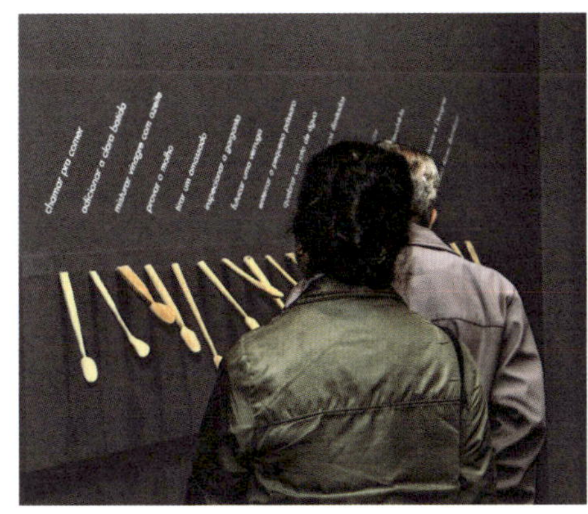

Na primeira sala: colheres saltando da parede, um painel simulando uma chuva torrencial de colheres e duas vitrines com peças menores e delicadas. Na última foto, o multiartista Guto Lacaz observa detalhes das peças com o colhereiro.

Alguns me procuram para dizer que concordava inteiramente com as palavras escritas naquele painel branco.

Chuvarada

Na parede seguinte, sobre um painel cinza grafite de uns sete metros de comprimento e uns 120 cm de altura, estavam fixadas mais de 600 colheres de tamanhos variados, quase todas esguias. Elas tinham a parte da concha voltada para o chão, em linhas diagonais e paralelas, da esquerda para a direita, de cima pra baixo.

Vistas de longe, mais pareciam os pingos de chuva torrencial, uma "chuva de corda", como diria meu tio Newton Braga, poeta de primeira grandeza.

Vistas de perto, cada qual exibia uma forma própria, permitindo que se vissem as particularidades expressas em retas, curvas, concavidades e superfícies que deixam à vista a beleza das fibras do bambu, quando cortadas em planos diferentes.

Vi pessoas olhando detidamente algumas colheres específicas, confirmando que as preferências variam bastante.

Atrás do vidro

Mais de cinquenta das pequeninas e delicadas foram arrumadas com todo o cuidado dentro de uma grande vitrine funda, dotada de iluminação própria. No dia da abertura, deu pra ver muita gente suspirando diante delas e dando sinais de admiração.

Em outra vitrine, uma dúzia de conchas de cabos longos foi colocada no centro de dezenas de colheres de formatos variados e incomuns, que denomino de "esquisitas". Elas compunham um conjunto que fazia aglomerar pessoas interessadas em vê-las e, mais do que isso, em tentar compreender o que estava diante de seus olhos.

Era corriqueiro ver visitantes apontando para alguma delas, comentando com quem estivesse ao lado. Aqui, as reações eram de estranhamento e espanto. Posso garantir que alguns visitantes permaneciam completamente estáticos e com olhos fixos e úmidos diante das vitrines.

Passando pela porta

Nas paredes da outra sala, quadrada e ampla, reinavam as 20 fotografias de colheres em preto e branco, medindo 108 x 28 cm, que compõem o livro de Hans Hansen. A história do livro estava contada em um cartaz colocado ao lado da vitrine onde havia um exemplar ainda finamente embalado em papel de seda e outro, já aberto, com fotografias dobradas saindo da caixa, deixando à mostra trechos das que estavam expostas nas paredes.

Cada uma das fotos mostra um conjunto de colheres cuidadosamente selecionadas e dispostas em função do tamanho, da espessura, do tipo de concha, da similaridade dos cabos, do aproveitamento de uma característica do bambu, das curvas de ligação entre cabo e concha, e assim por diante.

Cada composição fotográfica tem uma estética específica ou uma particularidade construtiva, sempre realçada pelo jogo de luzes, sombras e contrastes.

Um visitante que se emocionou foi o designer André Stolarski, que nos procurou para elogiar a exposição e dizer o quanto tinha sido tocado por ela. Pelas mãos de Bebel, ele ganhou uma colher pouco antes de falecer e deixar saudades na comunidade brasileira de design.

Festa para quem te quer

O pessoal daqui de casa adora uma festa e, sempre que aparece um bom motivo, não perde a oportunidade de juntar gente para celebrar.

Bento fez um registro muito bom pra manter vivas as lembranças da festiva abertura da exposição, naquele começo de agosto de 2012. Depois de passear com a câmera voltada para cada uma das paredes da exposição, ele filmou a movimentação lá na varanda dos fundos, onde as comemorações corriam soltas e animadíssimas.

Nossas duas filhas mais velhas, que vivem em São Paulo, convidaram dezenas de pessoas queridas para se juntarem a nós. Não são muitos os nossos amigos lá, mas, em compensação, muitos dos que temos em Vitória, no Rio de Janeiro e em Brasília aceitaram festejar conosco mais um capítulo dessa história.

A festa da abertura, que ocupou a varanda do Museu, "pocou", como se diz no Espírito Santo, quando se quer afirmar que o acontecimento foi um grande sucesso. Diria que a felicidade naquele momento era geral.

A manhã do sábado seguinte foi tempo de ressaca e de moleza, em função das emoções da véspera. Parecia que eu sonhara a noite inteira, com momentos de grande alegria por ter dado tudo certo e de sensação de quero mais, muito mais. O melhor mesmo foi voltar para o Museu

Na outra sala: informações sobre o livro de Hans e uma tira de fotos de colheres em P&B contrastava com o mostarda das paredes; o coquetel foi animadíssimo.

e acompanhar a movimentação dos visitantes. Fazendo o possível para passar por visitante anônimo, foi muito bom poder ficar observando as pessoas se movimentarem de um lado para outro, ouvindo comentários e acompanhando os olhares.

Aproveitamos para almoçar por ali mesmo, em meio a muita gente elegante e colorida que gosta de comer bem, à sombra de árvores centenárias do enorme quintal atrás do casarão antigo.

No final da tarde, foi a hora de arrumar as mesas e cadeiras para a oficina do dia seguinte. As 20 vagas foram preenchidas rapidamente. Aquela seria a terceira vez que eu daria uma oficina de confecção de colheres. Durante a gestão de Adélia Borges à frente do museu, ensinei o ofício naquele varandão convidativo por duas vezes.

Ele chegou!

Na impossibilidade de contar com a presença de Hans Hansen na abertura da exposição, tratamos de agendar o lançamento do livro dele para uns vinte dias depois. E lá fomos nós convidar os amigos para mais um acontecimento festivo.

A nossa grande sorte foi receber, na véspera, as caixas com os meus 300 exemplares que estavam na Alfândega há quase um mês, sem qualquer previsão de data de entrega. Ninguém queria imaginar a cena de um autor vindo do estrangeiro sem livros para autografar.

Conforme previsto, Hans chegou ao hotel em São Paulo no comecinho da manhã de um sábado de sol brilhante, como seria desejável para receber uma pessoa que veio de longe para autografar um livro feito com tanto esmero.

A cena de Hans Hansen entrando no pátio ensolarado do Museu da Casa Brasileira me trouxe uma emoção muito forte, como há muito não sentia. Ele vinha acompanhado de sua mulher Carola Mann e do designer suíço Franco Clívio, seu grande amigo. Formavam uma comitiva muito alegre: um senhor magro e muito alto, uma senhora loura e um homem pequeno com careca brilhante.

Imagino que tenham gostado de ver o enorme estandarte que anunciava a exposição, pendurado na imponente fachada principal daquela antiga residência, na Avenida Faria Lima da capital paulista.

Hans e eu só nos tínhamos visto em Munique dez anos antes e, mesmo assim, muito rapidamente. Agora, à medida em que a distância entre nós ia diminuindo parecia que a aumentava.

O abraço foi fraterno e demorado, como convém a dois homens que, mal se conhecendo pessoalmente, têm tanto em comum, a ponto de fazerem existir um livro tão peculiar, pelo simples interesse em comemorar a vida e difundir a beleza criada com lâminas por um e registrada com lentes poderosas por outro.

As palavras foram pouquíssimas e os sorrisos muitos. Os homens de braços dados com as mulheres, se entreolhando, impactados. Foi assim que entramos no Museu para ver o que estava em suas paredes. Visitantes e conhecidos nossos abriram passagem para o nosso grupo, com expressões de gentileza e admiração.

Diana e Bebel, que conheciam de perto o casal Hans e Carola, acompanhadas por Manaira, assumiram a função de guiar nossos visitantes mais ilustres, dando todas as explicações e os detalhes sobre a montagem da exposição. Sem inglês fluente e audição suficiente para acompanhar a troca de palavras, permaneci ao lado, registrando na memória as expressões deles diante de cada mostruário de colheres ao vivo e das fotografias.

A satisfação era de parte a parte. Dos brasileiros, em poder mostrar o que havíamos feito; e dos europeus, pelo que tinham diante dos olhos

Hans Hansen, feliz da vida no MCB.

e por tudo o que aquilo representava: uma verdadeira prova de estima e agradecimento a Hans.

Olha essa aqui!

Se Hans se mostrava um homem sorridente, mas quase silencioso, seu amigo Franco, designer de produtos renomado na Europa e suíço de veia italiana, era vibrante e muito expressivo. Encantado com a mostra, ele dizia e repetia nunca ter visto, em toda a sua vida, tantas colheres diferentes, umas ao lado das outras. Entusiasmado, apontava para alguma delas, chamando atenção para seus detalhes. Ia de um lado a outro da sala e retornava ao ponto de partida.

Soube depois que era dele o projeto da tesoura de jardim que eu comprara em Munique. Ele havia projetado uma linha completa de utensílios de jardinagem para um fabricante alemão.

Numa mesa grande, colocada perto da mureta da varanda, havia uma pilha de livros e canetas. Sentado de costas para o quintal, um homem gentil escrevia dedicatórias autografadas, sob os olhares das pessoas que, em fila, esperavam a sua vez de cumprimentá-lo.

Hans cumpria aquela tarefa com determinação, mas com algum constrangimento. Vez por outra eu me sentava ao seu lado e, em silêncio, lhe emprestava a minha solidariedade. Imaginei que, em situações como aquela, uma boa dose de timidez viesse se somar à sua conhecida modéstia.

Naquela manhã, ele escreveu, com letra boa, mais de 50 dedicatórias em inglês.

VITÓRIA **Galeria OÁ**

Programamos o lançamento do livro na Galeria OÁ, de Thais Hilal, grande amiga e festeira que só, junto com uma exposição das 20 fotos. As amizades da nossa família, os convites certeiros da galerista e as matérias sobre o evento na imprensa provocaram um grande zum, zum, zum naquela noite fresca de setembro de 2012. Por pouco não faltaram metros quadrados livres nas salas e área externa, lugar muito agradável e adequado para as comemorações.

Para provar que os deuses ajudam a produzir felicidade, alguém descobriu que aquele era o dia do aniversário de Hans Hansen. Pode-se imaginar que, nos seus 70 anos de vida, ele nunca ganhou um "parabéns pra você" tão efusivo, cantado por mais de 150 pessoas. Isso, depois de ter autografado o livro pra mais de 30 convidados e de conversar animadamente com outros tantos.

Para completar a homenagem, Hans foi brindado com a voz e o violão da minha norinha Dani Moraes, cantando sucessos de João Bosco, um dos músicos brasileiros favoritos do aniversariante. A comitiva europeia visitou o Museu Vale e o Convento da Penha, e se fartou com moquecas de badejo e de camarão graúdo num almoço caseiro.

Não ficaram nem três dias por aqui. Eles haviam programado uma viagem de carro de quase 1.300 km até Brasília, de onde partiria o voo de volta pra Alemanha. Hans queria rever a cidade que tinha fotografado há quase 50 anos, quando ainda estava sendo construída. Queria conferir se tinha ficado do jeito que ele imaginara.

FRANKFURT Galerie Braubach Five

Já havia se passado mais de um ano desde que o livro ficara pronto sem ter sido lançado na terra do autor. A timidez, característica bem conhecida de Hans Hansen, talvez tenha sido a razão da demora.

Como a edição de 2013 da Feira do Livro de Frankfurt seria uma homenagem ao Brasil, poderia ser uma ótima oportunidade de divulgar o trabalho feito por um fotógrafo alemão sobre a produção de um brasileiro.

Ele gostou da ideia e tratou de procurar um lugar que pudesse abrigar uma mostra das colheres por uns poucos dias durante a realização da Feira. E que fosse capaz de receber muita gente amiga para o lançamento, seguido da visita de eventuais curiosos.

A escolha de uma galeria de arte, situada em lugar movimentado, defronte ao Museu de Arte Moderna, foi uma sugestão de uma amiga de Hans que morava na cidade. Animada e prestativa, ela também ajudou na divulgação do evento.

Mais uma viagem internacional carregando um caixote cheio de colheres era tudo o que Bebel gostaria de fazer naquele mês de outubro. Cuidaria para que tudo corresse direitinho, como sempre, inclusive a desmontagem para trazer tudo de volta ao Brasil.

Como a temperatura na cidade estava amena, própria para passear pelas ruas, visitar museus e exposições, e fazer turismo no rio Meno a bordo de barcaças confortáveis. Em função do grande número de visitantes da Feira, muitos artesãos ofereciam seus trabalhos em lojas e nas calçadas.

Nem tudo são flores

Tivemos dificuldades em começar a montagem, pois a dona da galeria não demonstrava qualquer pressa em desocupar as salas. Depois de muitas insistências, amáveis e nem tanto, nós mesmos tivemos que embalar as delicadíssimas peças de porcelana que estavam expostas sobre mesas e pedestais.

Na falta de quem fizesse o serviço, também nos coube limpar e organizar o ambiente para começar a nossa montagem. Hans estava incomodadíssimo e se manteve silencioso o tempo inteiro.

Carol projetou uma faixa de colheres na vertical, ao longo de toda a parede lateral da galeria, inteiramente visível por quem passasse pela calçada. A ponta dos cabos das mais finas e compridas demarcaram os limites superior e inferior da faixa. As peças menores e mais largas, colocadas entre elas, criaram um adensamento da região central, na altura dos olhos dos visitantes.

A montagem ficou muito bonita, quando vista de longe, e facilitou a apreciação dos detalhes das peças quando olhadas de pertinho. A iluminação, vinda do teto, realçava o contraste dos muitos tons de amarelo da madeira sobre o cinza claro da parede.

As 20 fotos compridas do livro do Hans ocuparam a parede de frente para a porta da entrada. Desta vez, elas foram colocadas juntas, na horizontal, compondo um grande painel de colheres em preto e branco, formado por dez faixas, cada qual com duas fotos. Uma grande foto de dezenas delas umas sobre as outras, em fundo preto, emoldurada e coberta por vidro, foi colocada no centro da parede lateral, para ser apreciada de longe.

Para além da beleza que se via nas paredes de fotos de colheres e delas ao vivo, aquela fotografia, enorme e quadrada, a única que Hans tinha feito além das 20 do livro, emprestava uma certa solenidade ao lugar.

Tudo pronto

Hans foi ficando mais tenso a cada hora, e só começou a sorrir quando seus amigos e convidados foram chegando efusivos, achando tudo muito bonito.

Ao lado de gente muito próxima, lá estavam quatro dos seis autores de textos do livro: Marcus Jauer, Hannes Böhringer, Franco Clívio e Alex Kufus. Lamentando muito, Corinna Röesner e Peter Nickl não puderam estar presentes, fazendo muita falta pra nós.

Até então, nenhum deles tinha tido a oportunidade de ver de perto as colheres que tanto haviam impressionado o fotógrafo. Na falta do inglês ou do alemão para tocar conversas pra frente e receber os devidos comentários, só me restava observar a movimentação sorrindo e achando muito bom o que o meu pessoal ia relatando.

Uma que se encantou com a mostra foi a pintora Margaret Zahn, irmã da amiga de Hans que ajudou na exposição. Ela acompanhou de perto, de olhos arregalados e em silêncio, a composição de colheres sendo montada, ocupando a parede inteira. Depois, afastada, passou um bom tempo tentando ver o conjunto inteiro, atrapalhada pelo tanto de gente diante daquela superfície encolherada, de fora a fora.

No dia seguinte, ela fez questão de nos levar ao seu ateliê, para que conhecêssemos seu trabalho com telas em acrílico, algo sofisticado e muito impactante. Até hoje, recebo e agradeço, com palavras gentis, os convites de suas exposições.

A presença de umas trinta pessoas gesticulando e falando alto fez o espaço da galeria, que era relativamente pequeno, ficar ainda menor. Isso me proporcionou uma sensação muito boa de sucesso. Como os alemães têm uma relação muito especial com as colheres, a exposição deve ter atiçado a alma de alguns daqueles ali.

Para que não se diga que ninguém daqui de Vitória esteve presente no vernissage, lá chegaram, no final da festa, duas moças animadíssimas, vindas especialmente de Viena, na Áustria: Sheila Mara, que vive lá e mora no meu coração, e Carla Giurizatto, que passeava pela Europa.

Paraibano arretado

Nosso único convidado local para aquela mostra foi Ivan Santos, músico e poeta paraibano, amigão nosso dos tempos de João Pessoa, nos idos do final dos anos de 1970. Ele vive de música, em Frankfurt, há décadas.

Na véspera, Ivan tinha ido nos ver na galeria e foi um ótimo motivo para dar uma pausa no serviço de montagem. Como sempre, nossa conversa correu animadíssima, entre beijos e abraços, tanto tempo depois da última vez em que nos vimos. Seus cabelos longos, agora no modo rastafári, estavam tão brancos quanto os da minha barba e rimos disso.

Lembramos de quando fomos juntos acampar nas areias da Praia do Francês, em Alagoas, perto de uma pequena colônia de pescadores. À noite, alguns dos seus habitantes ficavam de olhos pregados no televisor colocado numa caixa a uns 2 metros do chão, amarrada a um coqueiro. Dia desses, recebi dele uma fotografia tirada lá, onde apareço ao seu lado achando graça de alguma coisa. Nossas barbas estavam escuras.

Muito feliz, Ivan nos convidou para assistir ao show que daria no dia seguinte. Seria uma ótima alternativa para comemorar nosso reencontro e o sucesso da exposição. Numa baita convergência dos astros, o horário de término da abertura estava marcado para pouco antes do início do show.

Carol e Bebel montando o painel de colheres.

Como o lugar ficava pertinho da galeria, outra convergência astral, fomos a pé, em grande comitiva de amigos e colaboradores. O tradicional Jazz Keller, que no passado recebeu os papas do jazz, ficava no subsolo, com pé direito baixo. As mesas do gargarejo estavam reservadas para nós e Ivan nos esperava pra começar a tocar.

O ritmo forte dos xaxados e dos xotes, marcado com zabumba e pandeiro, a batida sincopada do violão e a voz anasalada do cantor fizeram o porão tremer e a plateia ir às nuvens. Uma rebolação assanhada dos que estavam de pé, uma bateção de mãos nas mesas pelos que estavam sentados. Noite brasileira, nordestina, para alemão se lembrar pra sempre.

Na casa do casal

Deixamos as colheres expostas em Frankfurt e fomos de trem para Hamburgo. Nossos amigos estavam animados em nos receber em sua casa. Na cabine, dois de frente para os outros dois, cada qual se distraindo com o que gosta, trocando palavras, gestos e olhares amistosos. Hans lia jornais, Carol escrevia no caderninho de viagem, Carola lia livro grosso e eu fazia colheres enquanto olhava a paisagem.

A casa deles ficava nos arredores da cidade. Ampla, clara e confortável, era muito aconchegante. Hans mantém um daqueles barcos conhecidos

Hans montando o painel de fotografias e a iluminação sendo ajustada.

por *single skiff* preso ao teto, junto com dois remos, exatamente sobre a mesa de jantar. Imagino que ele cumpra a função de fazê-lo se lembrar de tempos de outrora, quando remava no rio Elba.

Eles nos levaram para comer deliciosos frutos do mar em um restaurante de beira de cais antiquíssimo, frequentado por marujos, operadores de guindastes e motoristas de empilhadeiras.

No estúdio repleto de história

Passamos uma tarde inteira no estúdio de Hans, no centro da cidade. É um espaço de trabalho muito organizado, e onde ele guarda tudo o que foi recolhendo e produzindo ao longo de 50 anos de profissão.

Ocupando a metade de um andar, dispõe de sala espaçosa, uma ampla cozinha (para fazer os pratos a serem fotografados) e um salão enorme, com pé direito duplo. Nas paredes, armários e gaveteiros, estantes repletas de livros de fotografias, caixas resistentes de máquinas e lentes, spots de todo tipo, equipamentos e utensílios de apoio.

Ao centro, uma grande bancada de trabalho, com uma coluna, onde Hans acomoda, na altura conveniente, a câmera escolhida com as lentes mais apropriadas para o serviço da vez. Na parede ao lado, um impressionante painel de iluminação, dotado de lâmpadas compridas, acionadas pelo interruptor da câmera fotográfica. No chão, junto dela, um capacitor enorme, de dimensão em torno de um metro cúbico, de onde parte a carga elétrica potentíssima para acender, instantaneamente, quantas lâmpadas forem necessárias. As lentes e a iluminação são as armas do fotógrafo.

Passamos horas vendo fotografias que Hans produziu durante sua carreira de profissional de still e muitas outras, feitas sob a inspiração do momento, ao se deparar com uma cena qualquer.

Hans abriu uma daquelas gavetas enormes e de lá tirou uma caixa com fotografias que fez para os catálogos anuais do Greenpeace. Cuidadosamente, ele foi selecionando as que não tinham sido aproveitadas para nos dar de presente, como lembrança da nossa visita. Essa lembrança é revivida diariamente quando nos reencontramos com as imagens de uma pedra preta arredondada, uma borboleta com pintas nas asas e uma flor delicadíssima, na parede encostada à mesa da copa, desde que voltamos pra casa.

Hans nos levou às compras numa loja de ferragens enorme, dessas bem completas. É só nesses lugares que meu espírito consumista aflora, onde tenho ganas de levar ao menos um exemplar de tudo o que vou encontrando de mais atraente. E aquela era uma espécie de paraíso para quem gosta de trabalhar com as mãos. Deslumbrado com a oferta de produtos os mais diversos, fiquei andando de uma prateleira pra outra, apanhando para conferir o que estivesse exposto, colocando de volta no lugar ou no carrinho de compras.

Resisti o quanto pude. Consegui sair de lá levando uma excelente tesoura de jardim, três faquinhas, dois rolos de fita para prender colher na parede, várias folhas de lixas e mais de uns dez tipos de pregos e de parafusos.

Lado a lado, as fotografias provocam grande impacto.

WINTERTHUR **Gewerbemuseum**

O meu inglês precário não me permitiu manter conversação com Markus Riegert em Frankfurt. Ele era diretor do *Gewerbemuseum*, de Winterthur, uma cidade antiga, situada a poucos quilômetros de Zurique, na Suíça. Dedicado a processos, ferramentas e materiais utilizados na fabricação de produtos duráveis, é considerado, por muitos, como o primeiro museu de design do mundo. Criado em 1874, é o único museu suíço que lida com a interseção de arte, artesanato, design e produção industrial.

Markus tinha ido a Frankfurt especialmente para o lançamento do livro de Hans e para conhecer de perto as colheres de bambu de que tanto lhe falara o designer Franco Clívio, dono de uma fantástica coleção de objetos contemporâneos.

Markus estava empenhado em difundir e estimular o uso dos bambus como matéria-prima de grande versatilidade. Ele visitou o Japão e a China para conhecer a sua diversificada utilização, que inclui desde pequenas peças de artesanato até grandes construções. Uma exposição de colheres de bambu poderia ajudar a atrair a atenção e reforçar o interesse em visitar a coleção de peças do Museu, que estava sendo ampliada.

Para os padrões europeus, as tratativas foram rápidas. Tanto assim que a exposição das colheres e do livro de Hans, denominada *Magia da Simplicidade*, foi inaugurada menos de um ano depois, em novembro de 2013, e ficou aberta por cinco meses, tendo recebido mais de 7.600 visitantes, recorde de visitação do Museu.

Mais uma vez, pude confirmar que artistas, curadores, galeristas e dirigentes de museus operam uma grande rede de comunicação, inspiração e trabalho.

Corre-corre suíço

Resolvemos, por prudência e malandragem, chegar em Winterthur com boa antecedência. Assim, a gente montaria a exposição com calma e sobraria tempo para passear. Ainda bem! Porque constatamos que, na Suíça, nem tudo é tão preciso quanto os seus relógios.

O caderninho de Carol ajuda a memória e comprova que a preparação da sala estava atrasada, quando lá chegamos. Dois rapazes muito gentis cuidavam de colocar as divisórias no lugar, além de prender tudo o que faltava prender; fixar no teto, na posição vertical, umas dez varas grossas de bambu; pintar todas as paredes; e limpar o que estivesse sujo.

Sem poder começar a montagem, nos restou ver os dois trabalhando em regime de parceria afinada: um segura e o outro aperta, sem olhar nem dizer nada.

O mais sensacional era o armário sobre rodas que eles iam levando de um lado para outro, sempre ao alcance das mãos. Aquela espécie de almoxarifado portátil tinha todas as ferramentas e apetrechos indispensáveis para a realização de serviços de carpintaria, pintura, montagem e tudo mais.

Ele me fez lembrar do caminhãozinho do pessoal da manutenção de emergência lá na usina siderúrgica de Volta Redonda, onde estagiei em 1967, ao acompanhar, à distância, a troca, em ritmo alucinado, de um enorme exaustor de gases tóxicos, com homens tirando do seu baú o que precisavam.

Surpresa e providências

Markus Riegert nos enviou uma planta baixa do grande salão do andar superior do Museu, incluindo as duas salas onde estariam as colheres e as fotografias do Hans. A partir da posição das portas de entrada e saída, Carol projetou a distribuição dos painéis onde estaria cada um dos arranjos da mostra.

Para ela, o principal elemento para orientar o projeto expográfico era a sequência dos olhares do visitante ao se dirigir para a sala, ao entrar nela, ao escolher por onde começar a visita, ao se deter no que mais lhe interessasse, para, em seguida, se aproximar para apreciar os detalhes.

Assim, as maiores deveriam ficar onde pudessem ser vistas de longe, por quem estivesse chegando à exposição, gerando um primeiro impacto e a vontade de vê-las mais de perto. Isso dificilmente aconteceria com as pequenas que, de longe, formariam uma espécie de mancha, sem elementos identificáveis e atraentes.

Ao chegarmos lá, nos demos conta de que o layout da sala não estava de acordo com o que ela tinha tomado como referência para projetar a exposição. Estava invertido. Trabalhamos, então, na adaptação do seu projeto, de modo que tudo ficasse do jeito que ela havia pensado para encantar os visitantes. Mais adiante, em seu caderno de viagens, ela escreveu: "... gostei do resultado". Ainda bem!

O painel com umas 70 peças, entre conchas e colheres curiosas, ficou centralizado no trecho mais largo da parede do fundo da sala: o primeiro que o visitante veria ao entrar no ambiente.

No lado esquerdo de quem entrasse, colocamos um painel horizontal com umas 60 colheres, todas elas dotadas de um nó em uma de suas partes, de modo a chamar a atenção para essa especificidade do bambu. Os nós existentes em cada conjunto de peças foram posicionados em linhas verticais.

Abaixo desse painel, instalamos uma vitrine horizontal estreita, com 3 metros de comprimento, com mais de 100 pequenas e delicadas colheres, dispostas lado a lado.

Nas três paredes ao lado direito da entrada, montamos um painel em "U" com 8 m de comprimento e 1 m de altura. Nele, foram fixadas cerca de 350 colheres que constituíam um contínuo, numa sequência de variações progressivas nas configurações. Começava por pequenas espátulas retas, estreitas e planas, evoluindo para espátulas progressivamente mais largas e maiores, as que tinham aparência de colheres triangulares e retangulares, seguidas das dotadas de curvas e concavidades mais acentuadas, até as de conchas redondas e mais fundas, já na outra extremidade do painel.

No centro da sala, sobre um pedestal, um pote grande com algumas das colheres que nós usamos na nossa cozinha, para testemunhar utilidade.

Em atenção à missão educativa do Museu, resolvemos oferecer, já no salão de entrada, onde estavam as "touceiras" de varas de bambu, informações sobre como fazer uma colher e mostrar os recursos que utilizo. Fizemos isso através de um vídeo sobre o meu processo

Prendendo os bambus no teto; o carrinho de utilidades, colocação do painel com ferramentas e lixas; colagem das colheres; bambus belíssimos no salão ainda vazio.

de trabalho, que ficou rodando direto em uma TV enorme, em que se podia acompanhar, do começo ao fim, as principais etapas da confecção de uma peça. Feito por Bento especialmente para a exposição, o vídeo ainda hoje é visto no YouTube e no Instagram.

Para que todos saibam

Em um cartaz fixado logo na entrada, o Museu informava:

> *"Esculpir é o seu pão de cada dia, tornou-se o sentido da sua vida. A cada dia esculpir uma colher. É o que faz o brasileiro Alvaro Abreu há muitos anos. Não por viver disso. De profissão, ele é engenheiro de produção, professor universitário e empresário e produzir colheres certamente não seria necessário. Ele as faz, no entanto, para viver — em um sentido muito amplo. Fazer colheres de bambu tornou-se a sua vocação.*
>
> *Abreu esculpe colher a partir de um pedaço de bambu. Ele o deixa sem pintura, em seu estado natural. O brilho suave é obtido somente através de lixamento e polimento. As fibras e os nós do bambu tornam-se, assim, elementos de design. É como se, a partir de sua natureza, o material indicasse um design ideal.*
>
> *Trata-se de uma busca incessante de formas: o que pode ser uma colher? Quais desenhos a constituição extremamente versátil do bambu comporta? Até onde se pode variar o tema colher?*
>
> *Espátulas grandes, colheres minúsculas, colheres finas, colheres grandes, colheres planas, colheres curvas, graciosas, corpulentas, lisas e sinuosas, conchas, colheres de sopa, colheres de chá e colheres de café, raspadeiras, delicadas espátulas e grossas pás – Abreu esculpiu todos os tipos de colheres.*
>
> *A algumas claramente se pode atribuir função e utilidade, outras foram feitas pela pura alegria da invenção de uma nova forma.*
>
> *A grande diversidade de suas colheres é capaz de cativar o espectador. Ao visualizar os objetos expostos, a concentração se dá de modo automático. A magia que surge desses utensílios simples e tão conhecidos tem um inevitável poder de atração."*

Na parede lateral do grande saguão, montamos uma versão da vitrine que havíamos instalado no Museu da Casa Brasileira, com as ferramentas e os restos de bambu que são retirados por cada uma delas. Para completar, inserimos ali também um pequeno mosaico muito simpático e expressivo, feito com lixas coloridas já bem gastas. A expectativa era oferecer aos visitantes indicações sobre o processo de fazê-las manualmente.

Senhoras e senhores

A abertura da exposição aconteceu no grande salão do Museu, ao lado de dois conjuntos de varas grossas de bambu amarelo e um preto, que iam do piso ao teto, uma linda cena de se ver. Foi um momento de confraternização entre conhecidos e gente que se encanta com colher e com bambu. Lá, esteve uma boa parte dos amigos de Hans que tinham estado na exposição em Frankfurt, além de Corinna Röesner e Annette Kröger, vindas de Munique.

Da Itália, lá estava Ernst Gamperl, o artista que faz potes de madeira finíssimos e muito belos, com quem convivi durante a *Exempla* de 2002. Soube depois que ele expôs ali, naquele mesmo lugar, reforçando a crença de que existe, sim, essa magia de destinos cruzados.

Lá estiveram também Cecília Zugaib, paulista que mora em Zurique e minha sobrinha Ana Carolina, que vive em Genebra. Sua presença confirmava o que ela havia dito: não perderia aquela exposição por nada.

Centenas de colheres em paredes, dentro de vitrine e dentro de potinho da nossa cozinha.

Carol mostrando o que fez; registrando o painel com elementos do processo e gente apreciando as peças.

Markus não cabia em si de tanta alegria. Anos depois, soube que aquele vernissage foi o mais concorrido de todos os já acontecidos no *Gewerbemuseum*, com a presença de mais de 100 pessoas.

"Já fiz mais de 4500 colheres, mas não fui capaz de aprender inglês e muito menos alemão, por isso fiz um texto para ser lido por minha filha.

Entendo esta exposição como uma celebração que o Gewerbemuseum *Winterthur proporciona a todos nós, generosamente, para festejar a potência do trabalho feito com as mãos e as maravilhas do bambu, material que há tanto tempo encanta a mim e ao Markus, em especial.*

Para as minhas colheres este é mais um capítulo de uma história sem fim, que começou há 20 anos, com um infarto, ao cortar um pequeno pedaço de bambu com meu velho canivete suíço.

Gosto de pensar que as colheres são mágicas. Elas têm o poder de produzir ótimas emoções e de atrair pessoas muito especiais, entre elas Hans Hansen, que considero como um irmão mais velho na arte do trabalho. Ele se encantou com as minhas colheres em 2002, em Munique, e exatos dez anos depois publicou o belíssimo e original livro, que também está aqui para ser apreciado. Que a magia continue. Viva o bambu!"

Engrenagens incríveis

O prédio onde funciona o *Gewerbemuseum* também abriga um simpático museu de relógios. Nele se pode ver, em perfeito estado, uma grande coleção de exemplares de mesa e de parede e, o que mais me impressionou, vários deles pequenos, verdadeiras joias. Até hoje, não imagino como conseguiram fazer mecanismos tão sofisticados, lá no distante século XVI. Fico tentando imaginar as ferramentas e métodos de fabricação que precisaram inventar para tornar possível construir engrenagens tão minúsculas para marcar o tempo com precisão.

Tão logo terminou o vernissage, fomos, em comitiva de mais de 20, para um simpático restaurante em frente à estação de trem. Tanto se comeu quanto se bebeu. Tanto se falou quanto se riu e se abraçou. Foi uma emocionante festa de congraçamento e de comemoração da vida. Comemoramos a abundância e a versatilidade do bambu, as colheres, as faquinhas, as lixas e os cacos de vidro, as fotografias e as câmeras fotográficas, o livro e a sensibilidade na montagem da exposição. Saudamos as amáveis palavras ditas, ouvidas como verdadeiras, e, principalmente, a emoção de encontrar gente querida vinda de tão longe.

Também batemos palmas para a coragem de pensar grande e para o empenho em conseguir fazer; para a beleza do que é feito com dedicação e para o acaso, que, ao estar presente, pode dar uma grande contribuição para o que se pretende realizar.

Empenhados e produtivos

A oficina começou com uma visita guiada à mostra de objetos feitos de bambu, trazidos do Japão e da China, no salão de materiais e processos do Museu. Peças delicadíssimas, perfeitas e atraentes, feitas à mão e com recursos elementares.

Markus fez uma introdução sobre os diversos tipos de bambu e apresentou as peças, informando sobre a procedência e o processo de fabricação. Ele disse que trabalhava para incorporar o bambu e suas aplicações ao acervo do Museu. Em seguida, Bebel apresentou a exposição para os participantes, comentando os painéis e a vitrine com colheres bem como as fotografias de Hans. As caras eram de curiosidade e admiração, mas dava pra ver que a maioria já demonstrava alguma inquietação: parecia que queriam pôr logo a mão na massa.

Já confortavelmente instalados em mesas firmes, ouviram uma explanação sobre a dinâmica da oficina, algumas dicas sobre segurança e uma rápida demonstração das ferramentas e seus usos.

A excitação dos participantes cresceu quando dei os primeiros golpes com a minha foicinha numa tira de bambu e se manteve em alta com os que fui dando até conseguir uma forma que me agradasse. Liberados da obrigação de ficar olhando para o instrutor, cada qual começou a cortar o pedaço que tinha escolhido. A grande maioria demonstrava boa habilidade e domínio das ferramentas que haviam trazido. Ah! Que ferramentas! Facas poderosas, serrotinhos jeitosos, machados pequenos e os famosos canivetes suíços.

Vez por outra, alguém me pedia opinião sobre como estava indo seu trabalho e instruções para seguir cortando. Por mais duas vezes, pedi que parassem de trabalhar e prestassem atenção às dicas de aprimoramento assim como acabamento da peça. Muitos se entusiasmaram com a potência das lixas enroladas e adoraram descobrir o poder dos cacos de vidro para fazer brilhar as superfícies. Em alguns, a agonia para voltar a trabalhar era evidente. Encerradas as demonstrações, dava gosto ver aquelas pessoas, cada uma no seu próprio estilo, cavoucando, raspando e conferindo os resultados depois de cada avanço. E eu achando bom.

Ao escrever sobre isso, fico pensando se algum daqueles participantes tomou gosto pelo ofício. Até hoje, tenho uns poucos pedaços de bambu,

Os 21 participantes da oficina mostram as colheres que fizeram, tendo Markus, o diretor do Museu de um lado, Bebel do outro e o colhereiro no centro; todos felizes da vida.

inclusive do preto, que aguardam a vez de virar colher para alguém. Faz tempo que descobri que a origem do material usado ajuda a realçar a distinção do presente.

A fotografia que Diana tirou ao final da oficina mostra os participantes, 11 mulheres e nove homens, todos com cara de gente feliz, exibindo o que tinham feito durante aquele dia inesquecível. Contei 46 colheres nas mãos dos sorridentes.

Nas casas e nas ruas

Franco Clívio nos recebeu em sua casa nos arredores do lago em Zurique e foi pra cozinha com disposição. Usei de toda a minha expertise para enfrentar a pia a cada rodada de pratos, copos e talheres, liberando o chef para fazer delícias em sequência: entrada, prato principal e sobremesa.

Dias depois, foi a vez de Markus nos receber na sua residência, a antiga casa de banho de um castelo edificado no alto do morro, nos arredores da cidade. A comemoração foi tão animada quanto as outras, variando apenas o menu e o cozinheiro. Desta vez, não me foi permitido lavar pratos e panelas, função repassada aos seus filhos.

Em uma das manhãs, no caminho entre o hotel e o Museu, fizemos a festa numa feirinha de produtos rurais, provando variações dos famosos queijos suíços.

À noite, encontramos, num lugar apertadinho, um daqueles espetos que giram lentamente diante de uma tela incandescente e de onde vão sendo retirados nacos de carnes variadas. Guloso, comi dois sanduíches de kebab, lembrando dos meus tempos de rapaz, em Vitória, onde um grego fazia um maravilhoso.

Na manhã seguinte, andamos até o Museu de Fotografia, onde revi trechos do filme *Blow Up*, o mais enigmático da minha juventude e que deve ter me influenciado em direção à fotografia. No meio do caminho, uma cena fantástica: no centro de uma praça redonda, uma árvore enorme, com copa em forma de cúpula, inteiramente coberta por folhas amarelo-ouro. Era o pé centenário de ginkgo biloba, símbolo da cidade.

Dias depois, de alma lavada pela emocionante estada em Winterthur, seguimos em carro alugado pelo bucólico interior da Suíça, que eu só conhecia de fotografia. Viajamos sem pressa, orientados por um mapa com indicações de Markus, até chegar à casa dos nossos parentes, para um fraterno reencontro celebrando o final do passeio.

SÃO PAULO Casa Panamericana

A mensagem veio carregada de sinceridade e gerava confiança. Uma pessoa dizia ter encontrado o meu bambuzau.com.br por acaso e ficado encantada ao acessá-lo. Disse que estava organizando "um evento focado em produtos, insumos e profissionais ligados a um caminho mais natural, mais conectado à essência". E completava que "seria um prazer ter você como expositor". Agradeci e tive que controlar a vontade de aceitar imediatamente.

O fato é que dois meses e meio depois, em setembro de 2019, chegamos à Casa Panamericana, no Alto de Pinheiros, em São Paulo, para mais uma rodada de mais uma produção familiar. O estacionamento, lotado de camionetes enormes e carros sofisticados, indicava que seria um evento envolvendo gente de classe média alta que está se aventurando a fazer coisas pra vender.

É um movimento relativamente novo esse dos empreendedores dedicados a fazer produtos bonitos, charmosos, "diferenciados", incluindo roupas, joias, arranjos de flor, adereços, esculturas, pinturas etc. Muitos deles com uma "pegada" orgânica, naturalista. A experiência de produzir em pequena escala para vender numa banquinha própria, de lidar com o público e receber o pagamento em maquininha, deve ser emocionante para quem está começando. A tirar pelos eventos anteriores, seriam dois dias de muita movimentação de gente comprando o que gosta e o que nem precisa.

Pela segunda vez, as colheres estariam em ambiente próprio para atividades comerciais intensas. E, de novo, eu precisaria escolher palavras pra explicar as razões de não as vender e ainda assim estar ali. Há quem aceite as explicações fazendo cara de "que pena" e quem insista em querer comprá-las.

Para as que querem saber como conseguir uma delas, digo que basta me pedir. Quase todas acham graça e saem rindo. Só umas poucas escrevem o endereço no primeiro papel que encontram, pra que eu possa enviar a encomenda. No primeiro dia, fiz uma pequena pra uma senhora muito gentil e ganhei um beijinho de agradecimento na despedida.

Bem na entrada

Para nós, haviam reservado o hall, lugar de passagem obrigatória para entrar e sair daquela casa enorme e ampla, construída para ser um cassino. Trata-se de um espaço de uns 4 × 4 m com piso de mármore, pé direito alto, portas em todas as paredes. A da entrada em ferro batido, uma pra cada uma das salas laterais, e um grande vão para o salão principal. O espaço nos pareceu muito bom para receber o que tínhamos para mostrar.

O título da exposição, num cartaz na parede dos fundos, anunciava em letras grandes: *Colheres de Bambu de Alvaro Abreu*. Na parede esquerda, estariam três fotografias compridas do livro do Hans e sobre a mesa, logo abaixo, estaria o livro dele.

Ao menos em tese, esse cenário seria visto por todos os que entrassem naquele lugar, gostassem ou não de colheres. Nem que fosse de relance, o visitante leria o cartaz e veria as fotos enormes, todas em cinza e preto, contrastando com o branco da parede.

Do lado direito, nas duas paredes em quina, os visitantes veriam umas 150 colheres formando uma espécie de nuvem fluida e leve. Os mais ansiosos dificilmente se deteriam para apreciá-las, mas poderiam se interessar por aquilo quando estivessem saindo, já mais calmos.

No lugar de passagem

No dia da abertura, o estacionamento estava lotado e, na frente da porta, muita gente preenchia um cadastro para conseguir entrar. Escolhi uma boa posição para ficar observando a movimentação das pessoas, como gosto de fazer nos aeroportos. Neles, pode-se ver muita gente aflita, à procura do portão de embarque; apressada, para não perder o voo;

nervosa, puxando criança pelo braço; vaidosa, ajeitando a roupa pra garantir o visual; impaciente, esperando a vez de embarcar no ônibus; espertinha, passando na frente pra conseguir cadeira vazia.

Rapidamente, vi que, livres do controle da portaria, as pessoas atravessavam o saguão, ansiosas por chegar ao salão principal, logo em frente. Era lá que havia um burburinho animado que as fazia esticar o pescoço e acelerar os passos. Foi Carol quem lembrou que o olhar do homem é mais atraído por aquilo que se move, que brilha e faz barulho. Era tudo o que não acontecia com o que havíamos instalado naquele lugar de passagem e não de destino.

A comprovação dessa constatação foi a chegada de meu amigo Eduardo Lunardelli, à sala onde estava acontecendo a oficina. Entrou meio esbaforido, com cara de alívio por nos encontrar. Contou que havia nos procurado por todos os cantos daquela casa enorme e que chegou a pensar que tínhamos desistido de participar do evento. Ele também havia passado batido pelo saguão onde estava nossa mostra. Fez pose de escritor ao lado do cartaz que não viu, conforme foto na página anterior.

A oficina que ofereci em paralelo à mostra durou uma manhã inteira e correu sem maiores novidades, com participantes hábeis e inábeis, todos interessados e alguns persistentes. Como de costume, teve quem conseguisse fazer duas peças, uma peça e, pela primeira vez, um participante saiu de mãos vazias.

Apresentando as colheres expostas no saguão para os participantes da oficina.

Em compensação

Muita gente parou para apreciar as colheres e o livro de Hans na hora de ir embora. Na maioria, pessoas curiosas, desarmadas e interativas. Talvez por já terem gasto mais do que queriam, algumas se mostraram aliviadas ao saber que elas não estavam à venda.

Pouco antes do encerramento, uma morena muito bonita, que acabara de desmontar a sua banquinha, veio saber por que eu não vendia as colheres. Achando graça, dei as explicações de sempre, em versão resumida, que não a convenceu.

Pelo contrário, ela voltou à carga com perguntas incisivas e diretas, me obrigando a puxar argumentos mais substantivos, e nada feito. Fui perdendo a graça com o desenrolar daquele diálogo, cuidando para não parecer velho bobão ou riquinho querendo ser artista.

Aquela conversa me fez lembrar do acontecido na feira de mármore e granito de Cachoeiro, quando uma mulher muito animada me perguntou se era eu "quem fazia colheres de bambu". Diante da confirmação, ela respirou fundo para dizer que estava interessada em vendê-las na sua loja de artesanato. Ao saber que eu não vendia, não acreditou. Com as mãos na cintura, vaticinou em tom ameaçador: "Pois, então, saiba que quando o senhor morrer vai ter gente ficando rica com as suas colheres."

Pensando bem

Por conta dessas e de outras histórias parecidas é que já dei instruções claras e definitivas ao meu pessoal sobre a destinação das centenas de colheres que fiz "pra ninguém". Quando chegar a minha vez, que eles escolham as suas preferidas e distribuam as restantes na porta do cemitério, e nas missas de sétimo dia e de mês, em lugar dos tradicionais santinhos de papel. Ajudaria as pessoas queridas a se lembrarem de mim quando estiverem cozinhando ou passando manteiga no pão.

Escrevendo isso, tive a sensação de que uma boa alternativa para reduzir o estoque seria dar colher pra todos os que fossem à festa de lançamento deste livro sobre elas. Além de aproveitar a alegria coletiva, eu me divertiria vendo as pessoas mostrando a que ganharam, depois de enfrentarem a fila de autógrafos. Dá até pra imaginar algumas delas pedindo mais umas, e outras, movidas por pequenas invejas e interesses inconfessos, pedindo pra trocar.

Se, em respeito à pandemia, sair apenas a edição digital do livro, a entrega do brinde aos compradores poderia ser feita no portão daqui de casa.

Bom mesmo seria deixar as "colheres de ninguém" num lugar em que pudessem ser vistas todas juntas, devidamente posicionadas para fazerem muita gente pensar na vida. Para mim, sem qualquer dúvida e pretensão, o melhor lugar que existe no mundo para elas é Inhotim, lá em Brumadinho, Minas Gerais. De longe.

PARA PARAI,
OUTRO TIPO
DE TRABALHO COM
BAMBU.

Belel
N. ALMEIDA, JAN/98

CAPÍTULO 13

OUTRAS PEQUENAS HISTÓRIAS

Está mais que comprovado que as colheres trazem ótimas pessoas para perto delas e, de carona, de nós também. Gente de todo tipo, de origens e interesses os mais diversos.

São pessoas que vamos encontrando em função das exposições, dos trabalhos que estejam em andamento, das publicações nas redes, das afinidades pessoais. Muitas acabam se tornando parceiras de invenções de moda, tripulantes de uma mesma embarcação, passageiras dos bondes das histórias. Muitas nos convidam, nos ajudam, nos dão alegrias na condição de presentes e agrados dos mais variados.

Na memória, lembranças de acontecimentos e personagens que reforçam o entendimento de que a opção de não vender produziu muitas boas emoções e relações duradouras.

Das pipas

Uma das participantes da oficina que dei no *Museum für Völkerkunde*, em Viena, disse que se inscreveu porque adorava fazer pipas. Ela era a que prestava mais atenção ao que eu fazia. Seu nome é Anna Rubin.

Mantive contato com ela. Mensagens esparsas deram conta de que estávamos seguindo com as nossas diversões e preferências. Ela disse que havia adotado definitivamente o bambu no seu trabalho. Tempos depois, me mandou uma foto em que aparece num grande descampado, empinando uma pipa enorme. No verso, estava escrito: "os bambus e as pipas não me saem da cabeça".

Anos adiante, descobri que ela mantinha o site *www.annarubin.at* e que estava fazendo pipas instigantes, sensacionais, pra dizer a verdade. Não sei se por coincidência ou fruto de alguma sugestão minha, o fato é que, recentemente, suas pipas voaram em Winterthur, no grande salão onde as colheres estiveram.

No final de 2019, convidei-a para vir nos visitar e dar uma oficina sobre como fazer pipas, lá no Mosteiro Zen Morro da Vargem, ao norte de Vitória, onde o bambu é difundido como um recurso natural poderoso. Ela aceitou, mas pediu que adiasse para o ano seguinte. Com a pandemia, só nos resta esperar.

Do outro lado do mar

Do nada, recebi um e-mail de uma pessoa que se identificava como colhereiro, querendo saber se era verdade que eu não vendia as que fazia. Achei graça e respondi, confirmando. De pronto, contou que ele também não comercializava as dele. Foi criada uma ponte entre duas pessoas que não misturavam dinheiro com colher. O nome dele é Pierre-François Huet.

Na internet, vi que trabalhava livre de padrões e referências, e que sua produção era enorme e diversificada. Fotos de uma exposição mostram colheres suspensas por fios de nylon finíssimos presos no teto, obrigando os visitantes a passar entre elas.

Ele me mandou três colheres de presente e eu outras três pra ele. As dele eram bem diferentes umas das outras, feitas com madeiras diversas. Pelo acabamento primoroso e leveza das suas formas, vi que se tratava de um artesão dos melhores.

Em viagem pela Europa em 2019, Bebel, a meu pedido, incluiu Lyon no roteiro, para conhecê-lo. Ela conta que foi um encontro muito amistoso, de dia inteiro. Foi levando colheres e veio trazendo lixas maravilhosas pra mim. Combinaram uma vinda dele a Vitória para mostrar seu trabalho e dar uma oficina. Ele levantou a hipótese de trazer um velho amigo francês, colhereiro também, que vive em Portugal. Mais dois promissores encontros para quando a pandemia acabar.

Cuidado com o bico

Cláudio, meu irmão mais novo, não é dos que se interessam por colheres. Pelo contrário, acho que nunca pegou uma sequer para ficar observando seus detalhes. Em compensação, foi ele quem propôs e desenvolveu os conceitos que fundamentam o Plano Real, sem que seus criadores oficiais tenham lhe dado qualquer crédito. Criou também a Teoria Geral da Bidualidade, que, segundo ele, serve de base para explicar praticamente tudo o que existe e/ou não existe.

Pois bem, em fins de novembro de 2020 fomos conhecer São Roque Maravilha, um lugar muito agradável que fica nas montanhas, perto de Alfredo Chaves, e aproveitei para trazer algumas varas de bambu.

Hospedado aqui em casa, repassei para ele a função de cuidar dos cachorros e de Amora, nossa arara. A porta da área de serviço, onde ela fica quando a gente sai, tem que permanecer sempre fechada, no trinco. Qualquer distração e ela vem pra sala, onde pode causar danos irreversíveis.

Na volta, ainda na estrada, recebemos mensagem dele, sem graça, dizendo que Amora tinha destruído muitas colheres. O aperto no coração durou até confirmar que, felizmente, as feitas por Pierre escaparam do ataque. Ela só estragou as minhas.

Cucharetas bascas

No final de 2020, recebi mensagem de um espanhol de 36 anos que trabalha com informática e vive no norte da Espanha, de nome Rubén Claveira. Disse que se encantou com o meu trabalho e que tinha começado a fazer colheres. Contei sobre o que estava escrevendo e pedi que me mandasse algumas reflexões sobre a sua experiência. Ele foi ligeiro na resposta:

> *"Talhar colheres ensina a pessoa a controlar seus próprios impulsos. Uma das coisas mais importantes é você aprender a aceitar seus erros. A tentativa seguinte de fazer uma colher não tem nada a ver com a anterior. Eu começo a ficar feliz. Lição de vida."*

Caiu no precipício

Em meados de 2020, recebi um telefonema de Luiz Henrique Toniato, amigo de décadas, dizendo que a colher que eu fiz pra ele, há uns 20 anos, tinha caído num precipício e que lá ficaria para sempre.

Contou que ela foi levada por um golpe de vento traiçoeiro, do alto de um dos Cinco Pontões, em Itaguaçu, onde acampou, sozinho, durante três dias, para ganhar prumo, centralidade e paz de espírito.

Ele estava desolado, porque ela fazia parte dos apetrechos de sobrevivência que carrega nas suas aventuras morro acima. Mandou a fotografia dela em cima da panela, antes que voasse. Em atenção à nossa amizade veterana, resolvi fazer duas parecidas, pra que não volte a ficar sem colher quando estiver perto do céu.

40 anos depois

Pelo computador do hotel, em Frankfurt, recebi convite para a festa de comemoração dos 40 anos de formados da primeira turma do curso de Engenharia de Produção da UFRJ, um dos dois únicos existentes no país em 1972.

Passeando, depois do almoço, entramos em uma loja de jardinagem que tinha de tudo, inclusive varas de bambu para sustentar trepadeiras. Comprei uma delas para fazer colheres para cada um dos meus ex-alunos. Assim, passariam a constituir uma turma de colegas ligados também por um mesmo pedaço de bambu.

Na volta ao Brasil, fiz peças pequenas, sempre tentando recuperar o que ainda tinha na memória sobre uma das coisas mais relevantes que fiz na vida: um trabalho em equipe, liderado por Itiro Iida, que tinha vindo de São Paulo para coordenar o curso, ainda em implantação. Na falta de professores, ele convidou a mim, Oswaldo Sevá e Ricardo Seidl, também seus ex-alunos no mestrado na COPPE/UFRJ, para sermos seus monitores na graduação. Ele só não contou que também teríamos que preparar todo o material didático necessário, algo que não existia em português.

Itiro utilizava um método de ensino muito avançado e potente, fundamentado em entrevistas individuais e trabalhos em grupo. Resolvemos ministrar as disciplinas em série, com nós quatro atuando em todas elas. Serviço triplicado que nos fez postergar a elaboração de nossas próprias dissertações. Fomos os únicos professores convidados para as comemorações.

A entrega aconteceu no final da festa, sob ótimas emoções, com o pessoal já bem calibrado, disposto a bater palmas e dar abraços apertados. Um ano depois, na festa dos 70 anos de José Mauro Espírito Santo, o grande agregador daquela turma, muitos me disseram que guardam a colherzinha com carinho e uns poucos as usam para servir pimenta.

Também quero

Como tinha chovido muito durante a noite, a estradinha de barro que ia dar na rodovia para Teresópolis estava encharcada, exigindo perícia do motorista.

Ao parar o carro diante de uma poça enorme, olhando em volta à cata de caminho alternativo, avistei o que restou de uma vara com gomos curtinhos, cortada a uns 60 cm do chão.

Imediatamente, me lembrei de Neném, meu cunhado, que há tempos me pedia para fazer um cabo novo para uma faca de estimação. Passei a mão na foicinha e lá fui eu, pisando no barro mole, cortar aquele pedaço desprezado de bambu. Seus 4 cm de diâmetro garantiriam uma excelente pega para mãos grandes. O cabo estava praticamente pronto, bastando cortar no tamanho e inventar uma maneira segura de incrustar nele o pedaço de aço do prolongamento da lâmina. Aquele cabo, além de funcional, seria uma ótima lembrança daquela viagem.

Ao ver a faca de Neném, Carmem, amiga querida, se encantou e me pediu que colocasse um cabo daqueles na sua faca de pão, lâmina sobrevivente de sua antiga faca elétrica, muito incômoda de usar, pois não oferecia firmeza e machucava a mão. Não me fiz de rogado. Fui ao meu estoque e selecionei um pedaço que havia tirado no bambuzal da estrada que vai da BR 262 até Vargem Alta. Com cabo de gomos curtos e aspecto irregular, a faca está em pleno uso, sempre gerando elogios.

No ano passado, Neném me contou, meio constrangido, que teve que dar a tal faca de estimação para um dos filhos de Alcides, nosso grande amigo de infância. Fiquei até orgulhoso ao saber do tamanho da insistência do pedinte.

Doces cortesias

Dar colheres é parte da brincadeira e, muitas vezes, os agradecimentos quase sempre acontecem com um sorriso amoroso ou um abraço apertado. Dado que nem sempre é possível entregar em mãos, as retribuições também vêm por escrito, ao telefone e como objetos.

Presentes de várias naturezas e origens.

Já ganhei muitas coisas curiosas, saborosas e inimagináveis por conta das colheres. É sempre muito bom e emocionante.

Dona Vera Hibner me presenteou com um doce de figo em calda dos deuses. Bem pequena, de cabelos brancos e sorriso tímido, ela vive em Iúna, nas franjas capixabas da Serra do Caparaó. A pedido de Luciene, sua filha, fiz uma de cabo comprido, para mexer doce. Por conta disso, adquiri o direito de entrar na fila para ganhar um pote de figos inteiros, pequenos e durinhos, todo começo de ano. Guloso, guardo o presente no fundo da geladeira, pra ir comendo aos pouquinhos.

Geleia de mexerica com pedacinhos de casca sempre foi a minha preferida. Talvez por ter dito isso em roda de amigos é que fui contemplado com dois potinhos da que Laurita Schneider, mãe de Béa, sempre faz, em pequenas quantidades, quando é chegado o tempo das delas. O primeiro não durou nem um dia. O outro foi consumido com total parcimônia.

Em 2010, ganhei um vidro de geleia de Cidália Ramada, que tinha me achado na internet cinco anos antes. Ela teve a delicadeza de fazê-la com os mirtilos que foi apanhar no alto da Ilha do Pico, lá nos Açores, onde vive. Mais, ele veio dentro de um cestinho que ela mesma teceu com uma fibra chamada "corriola". Aproveitou para mandar também três queijos maravilhosos, que comi aos pouquinhos. Tudo isso em retribuição a um exemplar do meu livro sobre o primeiro infarto e duas ou três colheres que lhe mandei. A segunda remessa de queijo não chegou. Imagino que o pessoal dos Correios deve ter se fartado com eles, rindo do destinatário.

Deviam ter chegado

Os agrados que Anna Rubin, a moça austríaca das pipas espetaculares, me mandou no começo de 2020, também sumiram depois de chegarem num centro de triagem de mercadorias vindas do exterior, lá pelas bandas de Curitiba. Fui informado da sua existência e de que precisaria pagar uma taxa para poder recebê-los. Paguei os 15 reais e esperei por dois meses, com alguma paciência, em função da pandemia.

Quando resolvi reclamar, me informaram que o objeto havia sido extraviado e indicaram a burocracia para eu receber o meu dinheiro de volta e ela, o que gastou, lá na Áustria. Escrevi uma longa mensagem, dando conta do meu desconforto e da minha tristeza. Ficou por isso mesmo, sem pedido de desculpas dos Correios pela minha frustração.

Também aqui não chegaram os seixos rolados que Yola Rego, sobre quem muito pouco sei, recolheu num rio perto de Richmond, no Canadá, onde mora. Eram retribuição a uma colher que meu filho Rafael levou daqui para despachar pelos Correios norte-americanos, quando passasse por Seattle, nos EUA. Ela escreveu agradecendo e dizendo que tinha enviado um presente pra mim.

Depois de pagar a taxa cobrada, de uma longa espera e de fazer duas reclamações aos Correios, recebi a informação oficial e burocrática de que este pacote também havia se extraviado. Simples assim. Desta vez, escrevi xingando os responsáveis e os irresponsáveis por terem sumido com três presentes vindos de muito longe.

Em fins de junho, recebi mensagem dos Correios pedindo o número do celular da remetente, conforme exigência do governo canadense, para que fosse ressarcida do valor pago. O fato é que Yola enviou outros seixos recolhidos na Ilha de Iona, perto de Vancouver.

Dois meses depois, muito feliz, abri um envelope amarelo que vinha recheado com uma camiseta e uma bolsa vermelhas, seis seixos pequenos e uma bela miniatura de um inukshuk. Trata-se da figura de um homem feita com pedras empilhadas, usada desde sempre para orientar quem esteja caminhando por regiões ermas e desconhecidas.

Bom pra pele e olhos

Recebi da Weleda, uma conhecida fabricante de medicamentos e cosméticos fitoterápicos, uma remessa de potes e bisnagas de produtos que Carol escolheu e usou no rosto assim como nas mãos durante um bom tempo.

Era uma gentil retribuição a uma entrevista para a edição de inverno de 2015 da revista Werde, mantida pela empresa. Até hoje, não sei como me encontraram e nem sei o que está escrito em alemão, na matéria de quatro páginas, com direito a fotos do colhereiro e suas colheres.

Ganhei de Bebel, há uns 15 anos, uma aquarela muito sugestiva, mostrando duas varas de bambu, feita por ela durante a última edição do saudoso Festival de Verão de Nova Almeida, ao norte de Vitória. Está numa parede do quarto do casal e de lá não sai.

Rafaela Marques – gestora de marketing da TecVitória, a incubadora de empresas de tecnologia que ajudei a criar no começo dos anos 1990 – disse que resolveu aproveitar o recolhimento forçado para homenagear pessoas que admira. Pra mim, ela fez uma composição com oito colheres com pinceladas de aquarela. Emoldurada, está sobre a mesa do escritório, diante dos meus olhos.

Para facilitar o serviço

Alguns amigos de fé, irmãos camaradas, sempre se lembram de mim quando estão diante de uma vitrine de ferramentas. Prova disso são o canivete francês que ganhei de Godinho, guerreiro de boas batalhas, e o canivete gaúcho que meu estimado amigo Ennio Candotti me trouxe do sul.

Paulo Bley, nosso padrinho de casamento, mandou lá de Cabo Frio, onde mora, um Martelo de Thor, de madeira pesada, próprio para fazer marchetaria, que comprou no Japão. Tenho pena de usá-lo, mas, em cima da bancada, me faz lembrar da nossa amizade.

De Hamburgo, o fotógrafo Hans Hansen me mandou uma jeitosa marreta de metal com cabo de madeira, daquelas usadas para golpear formões e goivas na função de tirar lascas de madeira bem como pedaços de mármore. Ela é mantida ao lado da garrafinha de cerveja que trouxe de Munique, com água para usar na amolação das lâminas. Formam uma bela dupla de cabeça de área.

De Diana e de Nélio, nosso genro, ganhei uma luminária articulada para garantir iluminação perfeita sobre o que estou fazendo com as mãos. Trouxeram dos EUA e esperaram eu abrir o embrulho pra ver a minha cara de felicidade. Com ela acesa e bem posicionada, minha pontaria aumentou na mesma proporção da diminuição dos golpes imprecisos.

Matéria-prima indispensável

O presente que recebo com frequência é bambu, de todos os tipos e, às vezes, em quantidades que me fazem rir, em função da minha baixa capacidade de consumo.

Regina Chulam, amiga desde a adolescência, pintora de mãos cheias, trouxe pra mim muitas varas de bambuí do seu sítio em Aracê, lá nas montanhas, onde vive. Todas já secas e com os gomos de baixo curtinhos, meus preferidos para empunhar facas, trocar cabo de panela e fazer peças fora do usual. Um presentão, em duas entregas.

Minha querida Mônica Serrão me trouxe umas 15 varas da sua fazenda no noroeste do Estado, que se revelaram de ótima qualidade, boas pra fazer peças maiores.

De uma dupla que cuida de uma pousada, uma loja e que cultiva cogumelos, na região de Pedra Azul, ganhei uma muda de bambu preto, uma raridade, que está num vaso grande, enfeitando o jardim. Nem imagino quantos anos faltam pra que consiga fazer uma colher com ele.

Livro, tábuas e bandeja

Uma gentileza própria das pessoas de bom gosto me foi feita por Adélia Borges, jornalista dedicada à produção artesanal brasileira e curadora de grande potência.

Incentivadora, ela me trouxe, lá de Paris, um exemplar do livro *Travailler le Bambou*, de Yves Crouzet, com ensinamentos sobre os tipos, as características, os tratamentos e usos dessa planta. Num bilhete, ela escreveu: “Me lembrei de você ao ver este livro sobre bambu...”, o que me fez sentir uma pessoa querida.

Com Baducho Oliveira Santos, aconteceu algo parecido, lá em Miami. Por duas vezes, ele trouxe tábuas de cozinha feitas de bambu, algo que ainda não se via por aqui. Disse que se lembrou de mim, ao vê-las numa loja de utensílios de cozinha. Quando uso uma delas, é comum sua imagem de amigo falante aparecer ao lado da bancada da pia.

Nessa mesma toada, Beatriz, minha irmã, me deu de aniversário uma novidade que viu numa loja sofisticada aqui em Vitória: uma bandeja muito bonita, inteiramente feita com bambu. Disse que achou a minha cara. Está em uso corrente, já tendo passado por pequenos reparos.

Colheres de Pierre; brinquedo de Robert Race e aquarela de Rafaela.

Em mãos, na porta de casa

Em 2017, recebi mensagem de uma brasileira que morava nos EUA querendo comprar colheres. Como de costume, respondi informando que não vendia o que faço. Como ela quis saber como poderia dispor de uma igual à que tinha visto no site, contei que estávamos de viagem marcada para a Flórida e que, chegando lá, eu poderia despachar uma pra ela.

Dito e feito. Ao começar a endereçar o pacote, vimos que morava na mesma cidade onde Rafael vivia com a família. Mais do que isso, a casa dela ficava a menos de dois quilômetros de distância. Telefonamos pra ela e fomos pessoalmente fazer a entrega. Ao abrir a porta, ela parecia não acreditar no que estava acontecendo. Nem imagino se usou a colher na cozinha ou se a colocou na parede da sala. Só sei que ganhei uma história pra contar quando a conversa é sobre coincidência.

Para quem acredita

Diana e Nélio se graduaram em oceanografia, e logo criaram uma empresa para desenvolver e fabricar equipamentos para pesquisa assim como monitoramento ambiental. Como pai e sogro dos empreendedores, acompanhei os seus primeiros passos, os segundos e os terceiros também. As expectativas são animadoras, mas as dificuldades são de toda ordem.

Há uns três anos, os dois voltaram eufóricos de um evento em Salvador, onde conversaram longamente com o professor Danilo Calazans, liderança na pesquisa oceanográfica no Brasil. Contaram que ele se emocionou ao saber dos propósitos da empresa e que se prontificou a dar todo apoio. Viraram grandes amigos.

Ao saber da gravidez de Diana, ele mandou de presente para Yara um quadro que pintou, retratando um cardume de peixes coloridos nadando tranquilamente. Ao vê-lo na parede, achei que deveria fazer uma colher para aquele homem que gosta do mar e ajuda quem se propõe a criar condições para que seja possível conhecê-lo melhor.

Todos os dias

Resolvi consertar o brinquedo que ganhei de Robert Race, um artesão inglês que só usa material que recolhe nas praias. Na sua maioria, são objetos dotados de partes móveis.

Na *Exempla,* o estande dele era ao lado do nosso. Fiz vários pequenos remos pra ele e ganhei um pequeno pássaro que fica voando em círculo, ao sabor de ventos fraquinhos, uma canoa com um homem que rema quando se roda uma manivela, e um boneco que abre a boca e movimenta as sobrancelhas ao se puxar uma cordinha.

Um dos netos, nunca soube qual, arrancou uma das sobrancelhas faz tempo e só agora tomei coragem para tentar colocar uma nova no lugar. Foi trabalhosos, mas deu tão certo que resolvi procurar por seu autor no catálogo da exposição. Mandei mensagem pra ele, anexando um pequeno vídeo da façanha.

A resposta veio em seguida. Gentil, ele aprovou o serviço e disse que usa a colher que lhe dei em 2002, diariamente, pra colocar sal na comida.

Muitas, muitas mesmo

Minha filha do meio é quem mais me pede colheres, seja pra ela ou pra quem tenha demonstrado interesse em ter uma. O fato é que ela tem uma enorme rede de amigos e parceiros espalhados pelo mundo, e muitos acabam conhecendo a história do pai dela. Pedir colher é algo que acontece com frequência e ela promete sempre providenciar.

Da minha parte, atendo aos pedidos sem qualquer restrição e, naturalmente, acho graça ao saber que a promessa foi cumprida e que uma emoção boa se instalou lá longe. Dá pra afirmar que ela já despachou ou foi levando em suas malas colheres feitas especialmente para umas 40 pessoas. Ela veio passar uns dias conosco e trouxe o boneco do livro de David Schurmann, que conta como foi fazer o longa-metragem *Pequeno Segredo,* sobre a vida de sua irmã adotiva. O livro traz depoimentos dos principais profissionais que trabalharam sob sua direção, todos da melhor competência.

Li tudo com a maior atenção, como que querendo aprender como se faz e para não errar tanto numa eventual nova tentativa cinematográfica. É que de produção de documentário guardo experiência desastrosa. Gostei tanto do livro que resolvi fazer uma colher enorme pra ele, pelo que fez de bom e bonito com suas lembranças. Soube que ele adorou o presente e que a trata como sendo um remo.

Andei remando canoa havaiana no começo das manhãs quando o mar está sempre liso. Exercício bom para saúde e para a alma também, feito com movimentos repetidos e sincronizados com os dos outros cinco remadores. Bebete Tanure, assídua por ali, pediu e ganhou uma colher. Dias depois, me trouxe de presente um pote de cerâmica que fez para as nossas da cozinha.

Em honra ao mérito

Não consegui entregar aquela que fiz para Oscar Niemeyer. Com certeza, ele não iria mexer panelas, mas bem que poderia usá-la pra coçar as costas, quando estivesse pensando na vida.

Ela tem uns 70 cm de comprimento e uma concha pequena, em forma de gota. O cabo começa com uma seção de uns 3 cm de largura por 1,5 cm de espessura e vai afinando em direção à ligação com a concha. É muito elegante e balanceada. Foi feita com um pedaço do meu bambu preferido, o único que restou de uma touceira de Bambu-balde que um homem desavisado e sem alma dizimou com fogo. Sua madeira é escura e as fibras ainda mais.

No meu entendimento, Niemeyer teve influência determinante no desenvolvimento da indústria de mármore e granito do Espírito Santo, hoje a maior do país. Imagino que ele tenha feito isso sem pretender ou se dar conta, ao projetar os palácios do Planalto, Alvorada e Itamaraty, e os prédios do Supremo Tribunal Federal e do Congresso Nacional.

Para torná-los leves e elegantes, especificou que suas paredes externas e os pisos das suas rampas deveriam ser cobertos com mármore branco. Acontece que as únicas jazidas de mármore branco conhecidas na época da construção de Brasília estavam concentradas na região de Soturno, nas proximidades de Cachoeiro de Itapemirim, onde nasci.

Ainda hoje, lamento muito não ter tido a oportunidade de entregar aquela colher, espécie de medalha de Honra ao Mérito. Hoje, me sinto seu fiel depositário.

Finalmente

Como já dito, meu irmão Cláudio nunca demonstrou interesse por colheres. Pois, para a minha surpresa e grande satisfação, depois de comer uma boa moqueca de camarão graúdo para comemorar com os quatro irmãos os seus 72 anos, ele finalmente tomou tenência e pediu uma colher de presente de aniversário. Fez isso por escrito, via *WhatsApp*, logo após chegar de volta ao Rio de Janeiro, dizendo que pretende guardá-la com muito carinho.

Em outra mensagem, logo em seguida, declarou que se rendeu aos fatos, às repercussões e aos desdobramentos ao ler a versão quase final dos originais deste livro.

Da minha parte, achei bom e pouco, e, por oportuno, trato de deixar o acontecimento registrado aqui. Entendo que ele serve para comprovar que um cidadão pode mudar de opinião na medida em que o mundo vai dando voltas.

Berreiro

Achei graça ao saber que Felipe, o filho mais novo de Ana Carolina, minha sobrinha, abriu o maior berreiro ao saber que eu tinha viajado. A avó contou ao telefone que ele estava inconsolável, achando que voltaria pra Genebra, sem a colher que eu prometera fazer pra ele.

Depois de mais de 27 anos cortando bambu, era a primeira vez que alguém chorava por ficar sem colher. Antecipei a volta pra ter condição de fazer e entregar a dele e do irmão Leonardo.

Aquilo me fez lembrar do vendedor de quebra-queixo que passava diariamente na nossa porta em João Pessoa, nos idos dos 1970, com um tabuleiro na cabeça, tocando triângulo e gritando “Chooora, menino, pra comer doce”.

CAPÍTULO 14

FOTOS DE COLHERES

Depois de contar histórias e de narrar acontecimentos, é a vez de mostrar imagens que informem sobre a enorme diversidade de formatos de colheres feitas ao longo desses mais de 27 anos.

Convém dizer que algumas delas pertencem ao grupo das minhas favoritas, por me fazerem lembrar do lugar onde foram feitas, de quais varas de bambu foram tiradas, das dificuldades em fazê-las com poucas ferramentas e da satisfação em conseguir finalizá-las. Em grande parte, elas não são as que mais impactam as pessoas quando estão ao lado de muitas outras.

Achei que deveria mostrar peças de todo tipo: simpáticas, delicadas, curiosas e até meio estranhas que ajudam a informar sobre a adequação dos designs às suas diferentes finalidades, a harmonia e as mais variadas proporções entre as partes de cada peça, a precisão e o acabamento das superfícies e das bordas, a valorização dos nós, das fibras e da casca do bambu.

Nas páginas seguintes, estão colheres bojudas ao lado de algumas delicadíssimas; conjuntos de peças esquisitas, assimétricas, aparentemente defeituosas e sem indicação de utilidade; colheres de serviço, dotadas de cabo achatado e concha larga; espátulas grandes para mexer panela, pequenas para servir geleia; compridas e fininhas, próprias para mexer suco; e algumas de conchas arredondadas e cabos pequenos, boas pra mexer mingau pra criança.

Resolvi mostrar também colheres que fiz para pessoas que me pediram, mas que ainda não vieram buscar; algumas das tantas que foram danificadas por brocas; um painel com mais de 100 peças, pra dar noção das proporções, e as que são usadas na cozinha da nossa casa.

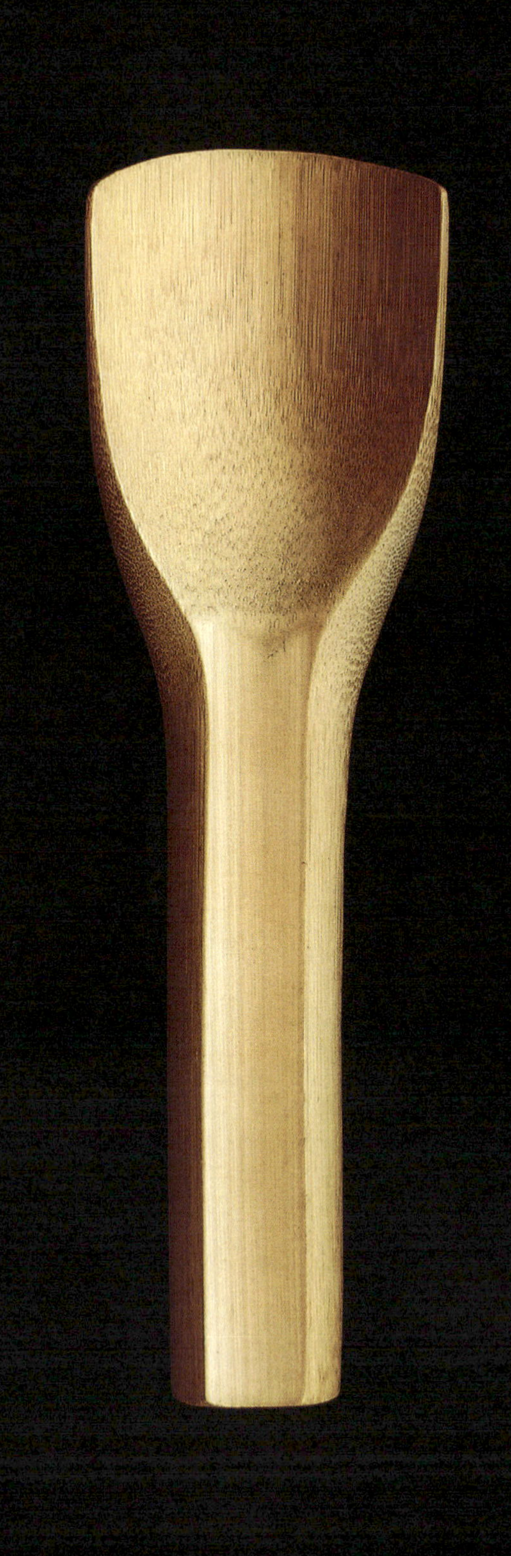

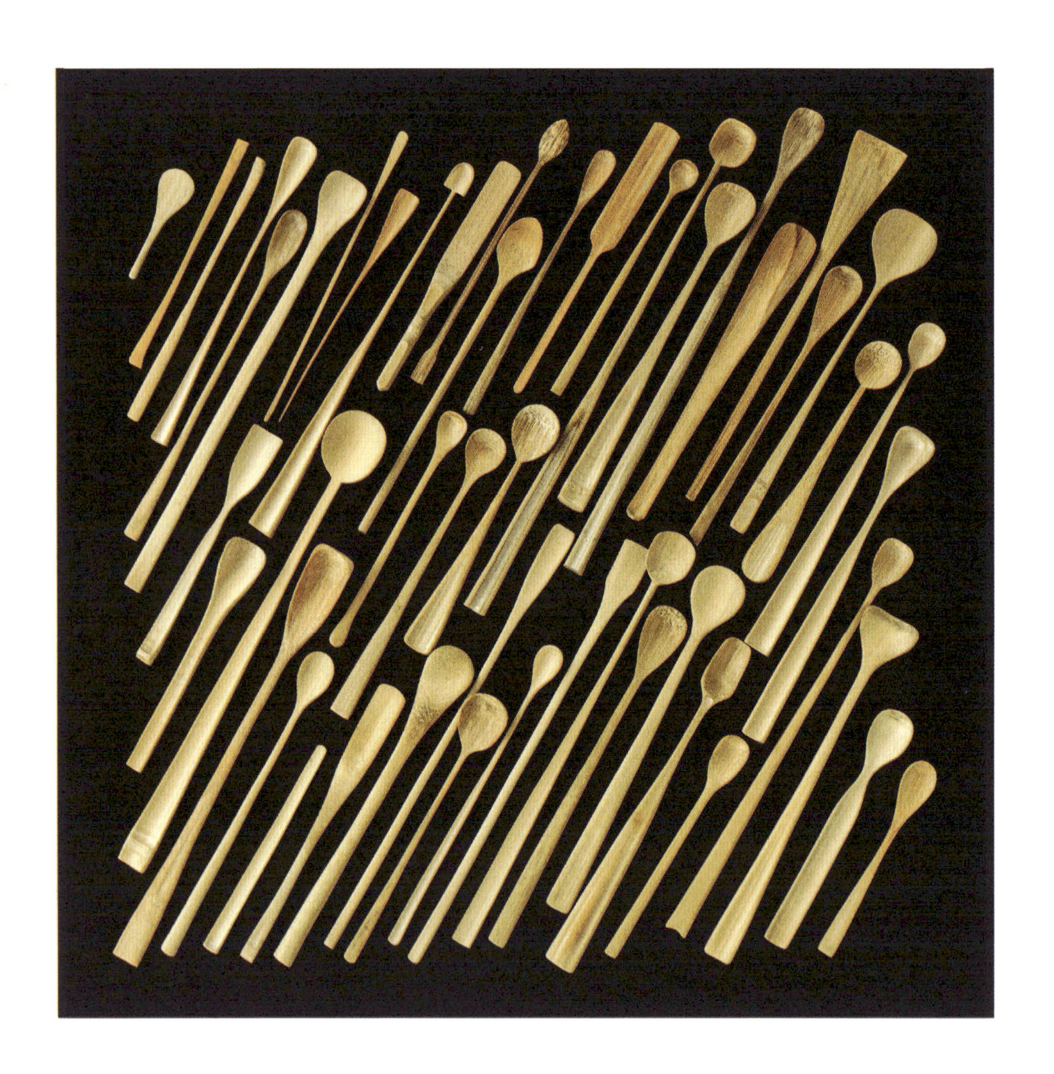

ÍNDICE REMISSIVO DE FOTOGRAFIAS

AGRADECIMENTOS ESPECIAIS

A Rafael, nosso primogênito, por tudo que fez para as colheres ganharem o mundo nas asas da Internet;

A Manaira, pelo apoio editorial e leituras, além da criação e execução do projeto gráfico deste livro com esmero e dedicação;

A Bebel, pelo que ajudou a levar as colheres por todos os lados, e por boa parte das histórias e dos desdobramentos passados e futuros;

A Bento, pela sugestão do título e de rearranjo dos capítulos do livro, fundamental para colocar os conteúdos no seu devido lugar;

A Diana, nossa caçula, pelas fotos das colheres e do colhereiro que vem fazendo aqui em casa e bem longe daqui;

A Nelio Augusto, pelos sucessivos apoios na parte de computação básica ao sogro idoso.

Sou muito agradecido aos amigos que se dispuseram a ler e comentar as versões preliminares do texto, um serviço de grande utilidade, mas penoso, por certo: Alda Palma, Beth França, Caroline Maciel Lauar, Cidália Ramada, Danielle Camisasca, Else Richwin, Fernando Augusto, Geraldo Martins, José Mauro do Espírito Santo, Lívia Aguiar, Luci Panasci, Maria Paula Frota, Roberto Passos do Amaral Pereira e Saulo Ribeiro.

Agradeço muitíssimo a todos os meus amigos fotógrafos e aos profissionais Pat Kilgore e Andréia Naomi pelas imagens que ajudaram a contar essas histórias e compor esse livro.

VIVA A PRODUÇÃO PRAZEROSA

AUTOR
Alvaro Abreu

REVISÃO EDITORIAL E APRESENTAÇÃO
Carol Abreu

COORDENAÇÃO, PROJETO GRÁFICO,
DIAGRAMAÇÃO E CAPA
Manaira Abreu

APOIO EDITORIAL
Bebel Abreu

POEMA VISUAL
Guto Lacaz

TEXTO DE CONTRACAPA
Eduardo P. Lunardelli

REVISÃO
Beth França, Lívia Aguiar e Bruna Heller

APOIO NA EDITORAÇÃO
Daniele Doneda

TRATAMENTO DE IMAGENS E PRODUÇÃO GRÁFICA
Márcio Uva

Esta publicação foi diagramada com
as famílias tipográficas Charter para textos
e Calibre para títulos, numa conexão São Paulo
- Vitória. A tiragem de 1.000 exemplares
foi impressa em setembro de 2022
na Corprint, Mogi das Cruzes - SP.